Nur der Glaubensweg ist sicher

Diakonisse Anna Kolitz - Ein Leben für GOTT

Arno Pagel in Zusammenarbeit mit Schwestern der „Hensoltshöhe“

ISBN 3 88224 182 9

Umschlaggestaltung: Ruth Meister, Hensoltshöhe
Gesamtherstellung: Druckerei E. Riedel GmbH, Gunzenhausen

ZUM GELEIT

EIN LEBEN FÜR GOTT

55 Jahre in missionarischer Diakonie,
in gläubigem Vorwärtsgehen, in völliger Hingabe –
das war das Leben unserer ersten Oberin
und Hausmutter,
unserer geliebten SCHWESTER ANNA

Zu ihrem 100. Geburtstag legen wir das Lebensbild
– den Bericht über ihr Dienen, Wagen,
Gotterleben und Vollendetwerden –
in die Hände unserer Schwestern und Freunde.

**„Ihr Ende schauet an
und folget ihrem Glauben nach!" Hebräer 13, 7**

Hensoltshöhe, zum 7. November 1980

Die Hauseltern
des Diakonissen-Mutterhauses „Hensoltshöhe"

G. Carqueville
Pfarrer

Emma Dennhöfer
Diakonisse

Diakonisse Anna Kolitz

I. ERWECKUNG IN VANDSBURG

– Entscheidung – Berufung – Gehorsam –

Im Osten des damaligen Deutschen Reiches, in dem westpreußischen Städtchen Vandsburg, wurde am 7. November 1880 Anna Kolitz geboren. Als sie 15 Jahre alt war, brach in ihrem Heimatort eine geistliche Erweckung aus. Sie hing mit der Bekehrung des jungen Pfarrers Theophil Krawielitzki zusammen. 1894 kam er in die dortige Gemeinde, wo er bibelgläubige Menschen kennenlernte, die den Kern seiner Gemeinde bildeten. „Diese Gläubigen", so schrieb er, „überzeugten mich, daß sie es wirklich mit ihrem Christentum ernst nahmen und daß sie eigentlich in ihrem Wesen dem entsprachen, was mir bei meinem anfänglichen Bibellesen an den Männern des Alten Bundes und an den Jüngern des Heilandes aufgefallen war als etwas, was ich selbst nicht hatte." Gott gebrauchte einen schlichten, gläubigen Grobschmied als Werkzeug für des Pfarrers Bekehrung. Diesen Handwerker bezeichnete er später als seinen geistlichen Vater, durch den er auch den Weg zu den Gemeinschaftsleuten fand.

Nachdem Pfarrer Krawielitzki zum lebendigen Glauben an Jesus Christus gekommen war, gab es eine Wandlung in seiner Wortverkündigung. Gott hatte ihn persönlich zu der Erkenntnis gebracht: Der Mensch muß sich bekehren, um seinen Retter zu finden. Das bezeugte er nun mit ganzem Ernst seiner Gemeinde. Zugleich erfüllte ihn eine brennende

Liebe für die ihm anvertrauten Seelen. Und Gott antwortete auf die Hingabe seines Knechtes. Im Anschluß an eine Allianz-Gebetswoche hielt Pfarrer Krawielitzki vier Wochen lang Evangelisationsabende. In Vandsburg und den umliegenden Orten brach eine Erweckung durch. Viele Menschen bekehrten sich, erlebten die Vergebung ihrer Sünden und fanden zum Frieden mit Gott. Unter ihnen war auch seine Konfirmandin Anna Kolitz, die spätere Hausmutter der „Hensoltshöhe“.

Vandsburg mit See

In einer Rückschau hat Schwester Anna ihr damaliges Erleben folgendermaßen geschildert: „Ich sah meine ganze Vergangenheit von frühester Kindheit an wie in einem Spiegel, bat um Vergebung meiner Sünden und überließ Gott mein Herz und Leben. Als glückseliges Kind Gottes bin ich aus der Versammlung nach Hause gegangen, kniete an meinem Bett nieder und sagte: ‚Mein Gott, du hast mir alle Schuld abgenommen. Was willst du von mir? Ich gebe dir alles; sage es mir!' Da erging der Ruf Gottes zum Dienst an mich. Ich erschrak darüber, war einen Augenblick still und sagte meinem Gott: ‚Ich gebe dir mein junges Leben, verbrauche es für dich, wo und wie du willst.' Das war ein Bund, den ich mit meinem Herrn gemacht habe und der mich nie gereut hat."

In einem anderen Rückblick heißt es: „Meine Eltern waren zunächst nicht damit einverstanden, daß ich Schwester werden wollte. Sie meinten, ich sei zu jung. Doch nach etlichen Jahren erwirkte der Herr auf viel Gebet die Erlaubnis zum Eintritt in ein Diakonissenhaus.

Ich suchte Herrn Pfarrer Krawielitzki auf, um mit ihm die Sache zu besprechen. Er fragte mich, ob ich nicht noch warten könnte; denn er wüßte nicht, in welches Schwesternhaus ich eintreten sollte. Das Warten wollte mir manchmal zu lang werden. Da wurde auf einer Konferenz in Danzig der Beschluß zur Gründung eines Gemeinschaftsschwesternhauses gefaßt. Nun wußte ich, wohin mein Gott mich führen wollte. Ich rüstete mich zum Eintritt. Endlich kam der Bescheid, daß am 20. Oktober 1899 das neue Schwesternhaus in dem kleinen ostpreußischen Ort Borken durch Pfarrer Blazejewski eröffnet würde."

Pfarrer Carl Ferdinand Blazejewski

Das Pfarrhaus in Borken

Nicht heldenhaft und siegessicher, sondern zaghaft trat Anna Kolitz in Borken ein. Aber der starke und treue Gott hat sie in seiner Erziehung und unter seiner Leitung gründlich verwandelt. Darüber lautet ihr späteres Zeugnis: „Ich bin Gott dankbar, daß er mich, schüchtern und ängstlich wie ich war, genommen hat. Wenn man mir gesagt hätte, was alles kommen würde, ich hätte geantwortet: ‚Nein, nein!' Aber Gott sei Dank, daß der Schleier über meinem ganzen Leben ausgebreitet lag und Gott sich mir von Tag zu Tag offenbarte, wie ich es eben brauchte. Dafür danke ich ihm ganz besonders. Er weiß, wie oft mein Herz gezittert hat, weil die Aufgaben mir zu groß vorkamen. Aber im Schauen auf ihn sollte es dabei bleiben: ‚Hier hast du meine beiden Hände, dir stehe ich zur Verfügung.'"

II. EIN UNSCHEINBARER ANFANG

– Ankunft in Borken – Zubereitung –
„Alle Dinge sind möglich dem, der da glaubt" –

Im Pfarrhaus von Carl Ferdinand Blazejewski in Borken wurde das neue Gemeinschaftsschwesternhaus eingerichtet. Vier junge Mädchen traten als erste Schwestern ein. Die Pfarrfamilie mit ihren drei Kindern mußte sich sehr einschränken. Manches Möbelstück wanderte auf den Speicher, um für die werdende Schwesternschaft Raum zu gewinnen. In Opferbereitschaft und Selbstlosigkeit gingen die Pfarrersleute beispielhaft voran.

In einem lebendigen Bericht über die Anfänge ihres Dienstes als junge Diakonisse erzählt Schwester Anna Kolitz: „An einem Freitagmorgen ging es mit noch zwei meiner Freundinnen nach dem neuen Bestimmungsort. Voller Freude denke ich an den Tag meiner Ankunft in Borken zurück, der mich in manches Staunen versetzte. Mit einem großen Leiterwagen holte uns Herr Pfarrer Blazejewski von der Bahn in Bartenstein ab. Aber das war nicht die größte Seltsamkeit. Viel mehr wunderte ich mich, als ich Herrn Pfarrer mit einem großen, weißen Marktkorb von Geschäft zu Geschäft gehen sah, um noch nötige Einkäufe zu besorgen.

Gleich durften wir auch die bewahrende Hand unseres treuen Gottes erleben. Gerade als wir abfahren wollten, entdeckte Herr Pfarrer, daß eine Schraube am Rad fehlte. Stillschweigend verließ er den Wagen und holte einen Mann, der die Sache in Ordnung brachte. Mit Lob und Dank ging es dann unserem neuen Heim zu.

Nach eineinhalbstündiger Fahrt vom Bahnhof Bartenstein nach Borken erreichten wir das Pfarrhaus und wurden von Frau Pfarrer Blazejewski sehr herzlich willkommen geheißen. Nach dem gemeinsamen Abendbrot kamen einige Gotteskinder ins Pfarrhaus, und wir vereinigten uns zum Gebet. So schloß unser erster Tag.

Am anderen Morgen, es war Sonnabend, teilte uns Frau Pfarrer verschiedene Arbeiten zu. Ich kam in die Küche. Es wurde schon am Sonnabend alles gekocht und gebraten, so daß am Sonntag nur noch wenig anzurichten war. Am Sonntagfrüh bekam ich die Schwesternhaube. Anschließend ging es gleich wieder in die Küche. Doch auch für Gottes Wort blieb am ersten Sonntag viel Zeit.

Da Frau Pfarrer gebürtige Holländerin war, wurde nach Holländer Art gekocht. Mit dem Gedanken: ‚Wie mag das wohl schmecken?‘ – es kamen viele

Zwiebeln hinein, die ich zu Hause gar nicht mochte – bereitete ich alles vor, und Frau Pfarrer machte es dann fertig.

Jeder Tag brachte etwas Neues und Ungewohntes. Doch schon sehr bald war meine Küchenzeit zu Ende, da wir in der ersten Zeit jede Woche gewechselt wurden.

Am nächsten Sonntag half ich im Kindergottesdienst mit. Zum Anfang sangen wir das Lied: ‚Der große Gott ist jetzt uns nah.' An diese Tatsache hielt ich mich, als ich eine Gruppe Kinder übernahm. Während ich erzählte, kam Herr Pfarrer ab und zu, um zu hören, was ich den Kindern sagte. Mir blieb dann fast das Wort im Mund stecken. Aber Gott war gütig. Ich kam mit der biblischen Geschichte gut zu Ende, und die Kinder hörten aufmerksam zu.

In jeder neuen Woche galt es, Neues zu lernen. Auch gewaschen wurde nach Holländer Art. Der Raumverhältnisse wegen haben wir die Wäsche in der Küche gekocht und in der Waschküche gewaschen.

Unsere lieben Hauseltern – Herr und Frau Pfarrer – gaben uns über Hingabe im Alltag einen sehr praktischen Anschauungsunterricht. Tief beschämt lernte ich bald, jede Arbeit mit Freuden zu tun. In den theoretischen Unterrichtsstunden nahm Herr Pfarrer mit uns die fünf Bücher Mose durch. Wie wußte er uns die Größe Gottes und seine Herrlichkeit vor Augen zu stellen! Durch den Geist des Hauses und die Wirkung des Wortes Gottes erhielten wir eine heilige Scheu vor allem unnötigen Reden. Die Krankenpflegestunden verstand uns unsere liebe Hausmutter sehr interessant zu gestalten.

Von großer Wichtigkeit wurde mir jeder Freitagabend, der Gründungstag des Schwesternhauses, an dem wir uns immer in großer Dankbarkeit vor Gott im Gebet vereinten. War an dem Tag eine Bibelstunde oder eine Versammlung für die Gemeinde, so freuten wir uns besonders auf den Abend, weil wir Schwestern da noch einmal unter uns Gebetsgemeinschaft hatten.

Eines Tages sagte Herr Pfarrer: ‚Von jetzt ab kann jede Schwester der Reihe nach am Samstagabend den Wochenschluß halten.‘ Dieser sollte aus einem gemeinsam gesungenen Lied und einer kurzen Textauslegung mit abschließender Gebetsgemeinschaft bestehen. Bald kam die Reihe an mich. Ich hatte heftiges Herzklopfen. Nach dem Lied ‚Beleb dein Werk, o Herr‘ las ich Markus 9, 14–29 vor, konnte aber keine anderen Worte dazu finden als nur: ‚Das ist mein Text.‘ Eine peinliche Stille entstand. Dann erbarmte sich Herr Pfarrer über mich und sagte: ‚Ich freue mich, Schwester Anna, daß der Herr Ihnen gerade dieses Wort gegeben hat, das für Ihre spätere Arbeit von großer Wichtigkeit sein kann.‘“

Pfarrer Blazejewski hat mit seiner Voraussage recht behalten. In dem genannten Bibelabschnitt steht unter anderem der bedeutsame Satz: „Alle Dinge sind möglich dem, der da glaubt.“ Schwester Anna hatte in ihrem langen Dienstleben viele Gelegenheiten, sich im Glauben zu üben und zu bewähren. Sie nahm Gottes Wort und seine Verheißungen ernst und erlebte die Wunder ihres Herrn.

Sie berichtet weiter aus der Anfangszeit: „Meine Lektion in der Küche hatte ich noch nicht ganz gelernt; darum durfte ich noch einen Monat darin arbeiten. Das Schrotbrotbacken war für mich eine besondere Schule, weil mir das Kneten des Teiges manche Schwierigkeiten verursachte. Die Milchsuppe brannte mir auch ab und zu an. Herr Pfarrer kaufte uns dann einen Milchkocher, und nun ging es fein.

So waren die Wintermonate eine gute Möglichkeit, uns vieles in der Hausarbeit anzueignen. Besonders lieb wurden mir die stillen Stunden im Umgang mit der Bibel. Daß wir diese Zeit richtig nutzten, darauf legten die Hauseltern großen Wert."

Schwester Anna Kolitz

III. GLAUBENSPROBEN

– Schmerzlicher Verlust – Neue Heimat –
Erste Stationen –

Für alle im Pfarrhaus zu Borken kam dann ein sehr schmerzliches und einschneidendes Erleben: Der Herr rief Pfarrer Blazejewski nach kurzer Krankheit in die Ewigkeit ab. Es war unfaßbar, daß das

Leben des erst 38jährigen – er wurde am 17. 1. 1862 geboren und starb am 24. 5. 1900 – schon ein halbes Jahr nach der Gründung des Schwesternhauses so jäh zu Ende sein sollte.

Schwester Anna schreibt: „Auf das gesegnete und mir lieb gewordene Miteinander in der Familie folgte für Frau Pfarrer und unsere kleine Schwesternschaft eine schwere Zeit. Zum Heimgang unseres Hausvaters kam noch die Erkrankung unserer lieben Hausmutter. Aber der treue Herr schloß uns Schwestern durch diese Nöte um so enger zusammen. Nun galt es, sich gegenseitig zu ermutigen und zu korrigieren. Nie werde ich vergessen, wie mir bei einer Gelegenheit eine meiner Schwestern sagte: ‚Geht's der Natur entgegen, so geht's gerad' und fein.' Dieser Satz ist mir in meiner späteren Arbeit oft zum Segen gewesen.

In dieser inneren und äußeren Notzeit besuchte uns einige Male Herr Pfarrer Edelhoff aus einer Nachbargemeinde. Seine Stunden und Andachten stärkten und ermutigten. Das hatten wir alle sehr nötig. Mitte Juni 1900 kam Herr Pfarrer Krawielitzki zu uns. Zu meiner großen Freude hörte ich, daß wir – wir waren inzwischen acht Schwestern – bald nach Vandsburg übersiedeln sollten und daß Herr Pfarrer Krawielitzki unser neuer Hausvater werden würde.

Für mich gab es schon vorher eine große Veränderung. Am 1. August übernahm ich die Pflege einer kränklichen Dame. Einerseits war es mir schmerzlich, aus der mir lieb gewordenen Schwesterngemeinschaft fortzumüssen. Doch andererseits war ich für diese Zeit sehr dankbar; denn ich konnte mich in meiner freien Zeit mehr ins Wort Gottes vertiefen. Bei einem meiner Besuche in Vandsburg sagte ich

Herrn Pfarrer Krawielitzki, daß ich die Schwesterngemeinschaft sehr vermissen würde. Er antwortete mir: ‚Aber Schwester Anna, wir sind doch nicht errettet, um zu haben, sondern um zu geben.' Das hatte ich noch gar nicht so gesehen.

Das kleine Schwesternhaus mit Saal in Vandsburg

Mitte Dezember kam ich dann auch nach Vandsburg in unser neues, fertiges Heim. Vom Umzug hatte ich gar nichts miterlebt. Wieviel größer und schöner kam mir hier alles vor! Da wir jetzt wieder einen Hausvater hatten – nämlich Herrn Pfarrer Krawielitzki –, gab es auch täglich eine Morgenandacht und einige Lehrstunden, die mir zum großen Segen wurden.

Doch die schöne, sorglose Zeit im Mutterhaus dauerte nur einige Wochen. Dann kam ich für neun Monate zur Ausbildung ins Krankenhaus nach Bad Ems. Ich brauchte besondere Kräfte meines Gottes; denn es war für mich alles fremd. Doch wurde mir viel Geduld und Liebe entgegengebracht. Alles Lernen bereitete mir große Freude.

Die neun Monate vergingen sehr schnell. Ich konnte für eine kurze Zeit ins Mutterhaus zurückkehren. Hier gab es wiederum manches zu lernen.

Dann kam ich als Gemeindeschwester auf meine erste Station. Jetzt galt es, vieles in die Tat umzusetzen, was ich bisher gelernt hatte. Als ich das Armenhaus besuchte, bot sich meinen Augen ein trauriger Anblick. Die Zimmer waren sehr verwohnt. Die Insassen, eine alte 80jährige Frau, ein Blinder, ein Lahmer und ein alter Mann, waren verkommen und ohne jegliche Fürsorge. Da war es mir eine große Freude, den lieben Alten alles wohnlich zu machen. Bald kamen auf meine Bitte Zimmermann, Ofensetzer, Maurer und Anstreicher. Die Zwischenpausen benutzte ich, um mir von mildtätigen Leuten Wäsche, Betten und Kleidungsstücke schenken zu lassen. Doch die lieben Alten hatten wenig Verständnis für diese Neuerungen. Eines Vormittags mußte ich für einige Stunden fort. Als ich wiederkam, sah ich die alte Frau ganz eifrig ihre Sachen zusammensuchen, die ich vorher hinausgetan hatte. – Doch bald wurde es anders. Als sie in das jetzt so freundliche Häuschen einziehen konnten und ihr warmes Essen bekamen, fühlten sie sich doch sehr wohl.

Es gibt nichts Schöneres, als dem Herrn Jesus an den Elenden und Armen dienen zu dürfen. Durch diese Arbeit öffnete er mir den Weg zu manchem Herzen.

Nach zwei Jahren kam ich wieder in ein Krankenhaus. Die Arbeit war eine ganz andere. Bisher stand ich allein. Jetzt diente ich dem Herrn mit einigen meiner Schwestern zusammen. Vorher ging ich von Haus zu Haus, um die Not und das Elend zu lindern, jetzt wurden uns die Elenden gebracht.

Nach einem kurzen Vertretungsdienst führte mich der Herr im Jahr 1905 in ein Kinderheim nach Waiern in Kärnten/Österreich. Wir hatten dort 30 bis 40 Mädchen im Alter von 6 bis 18 Jahren. Es war eine Freude, sie alle am Morgen zur kurzen Andacht beisammen zu haben. Bevor die Kinder zur Schule gingen, verrichteten sie je nach ihren Kräften kleine Hausarbeiten. Für mich war die übrige Zeit mit Nähen und Ausbessern der Wäsche und Kleidung ausgefüllt. In ihrer freien Zeit setzten sich die größeren Kinder mit Eifer ein, mir die Wäscheberge abtragen zu helfen. Die Schularbeiten mußten überwacht werden. Nach dem Lernen spielten wir zusammen. Beim Versteckenspielen war's besonders schön. Kinderlachen und -jauchzen schallte vom Garten ins Haus. Gespannt lauschte groß und klein in der Dämmerstunde, wenn ich ihnen Geschichten erzählte. Und wie viele Fragen gab's dabei zu beantworten! Natürlich mußten auch ab und zu Tränen getrocknet oder kleine Kampfhähne auseinandergebracht werden. Bei dem einen Kind galt es sich mitzufreuen, das andere mußte ermahnt werden. Aber am Tagesende, wenn ich vom Heiland erzählte, wurde alles still.

Bald rief mich der Herr zu neuen Aufgaben. Ich sollte für ein Vierteljahr ins Mutterhaus kommen. Aber schon nach 12 Tagen kam ich in eine Privatpflege. Ich hatte mich so sehr auf den Dienst im Mutterhaus gefreut! Nun wurde mein Wunsch durchkreuzt. Aber ‚geht's der Natur entgegen, so geht's gerad' und fein'!

Doch zu Weihnachten war ich daheim und konnte das Fest im Kreis meiner Mitschwestern und unserer Hauseltern, Herrn Pfarrer Krawielitzki und Schwester Emilie Siekmeier, verleben. Während meiner Zeit in der Gemeinde hatte es nämlich in unserem

Mutterhaus eine große Veränderung gegeben. Unsere bisherige liebe Hausmutter, Frau Pfarrer Blazejewski, sah sich durch ihre Krankheit und die Erziehung ihrer Kinder genötigt, ihren Dienst an den Schwestern aufzugeben. Sie siedelte nach Berlin-Steglitz über. Uns schenkte der Herr in unserer lieben Schwester Emilie Siekmeier eine neue Hausmutter.

Schwester
Emilie Siekmeier

Pfarrer
Theophil Krawielitzki

Der Monat Januar 1907 brachte für mich Evangelisationsarbeit in der Umgegend. Ende des Monats reiste ich nach Leipzig und Bonn, um die Säuglingspflege und Magdalenen-Arbeit näher kennenzulernen; denn am 10. Februar sollte ich unsere Magdalenen-Arbeit in Marburg übernehmen. Dabei handelte es sich um die Betreuung von jungen Mädchen, die ein uneheliches Kind erwarteten oder schon geboren hatten. Es kostete leider einige Tage, bis ich ein freudiges ‚Ja, Vater' dazu sagen konnte. Die

Aufgabe schien mir zu groß. Der Herr aber war treu und machte mir Mut. So reiste ich ab. Unsere liebe Hausmutter, Schwester Emilie, führte mich in meinen neuen Dienst ein und blieb acht Tage bei uns. Das war ein herrlicher Anfang, der mir die Arbeit erleichterte. Wir hatten zuerst 25 Mädchen und über 30 Kinder. Nach zwei Jahren war die Zahl der Mädchen auf über 40 gestiegen und die der Kinder auf etwa 100.

Viel innere und äußere Not kam durch die enttäuschten und verbitterten Mädchen auf mich zu. Tiefes Erbarmen erfüllte mein Herz, und es war mir ein inniges Bedürfnis, ihnen und den Kindern Mutterliebe entgegenzubringen und ihnen den zu zeigen, der allein die Fesseln lösen und das Herz froh machen kann: Jesus!" –

Vieles, was Schwester Anna in Waiern in Wirtschaftsführung und Arbeitseinteilung gelernt hatte, konnte sie in Marburg verwenden. Gott führte seine Magd von Stufe zu Stufe, um seinen Plan mit ihr zu verwirklichen.

Die ledigen Mütter wurden tagsüber mit Haus- und Gartenarbeit, Nähen, Waschen, Bügeln und Kinderpflege beschäftigt. Dabei gab es Gelegenheit, sie näher kennenzulernen und ihr Vertrauen zu gewinnen. In Morgen- und Abendandachten, wenn der Herr seinen Finger auf den tiefen Schaden ihres Lebens legte, wirkte sein Geist an ihren Herzen. Viele haben erfahren, was an der Wand eines Schlafsaales stand: „Jesu Liebe kann erretten, seine Hand ist stark und treu. Er zerbricht der Sünde Ketten und macht alles, alles neu."

Weiter hören wir von Schwester Anna: „Viel Freude hatten wir an den Kleinen, die aber ganz besonderer Liebe und Pflege bedurften, da viele von ihnen schwach und elend geboren wurden. Wie glücklich waren die Schwestern, wenn der Wiegetag zeigte, daß Gott unsere Gebete um Gewichtszunahme erhört hatte!

Der Herr machte mir die Arbeit immer lieber. Ein besonderer Anlaß zum Danken war, wenn das eine oder andere Mädchen in unserem Haus blieb und seine Kräfte ganz für Gott einsetzen wollte. Mir waren sie treue Gehilfinnen und den Neuankommenden mutmachende Begleiterinnen.

Das letzte Vierteljahr meines Dortseins brachte eine neue Freude. Durch die Gründung eines zweiten Mutterhauses in Marburg, das den Namen ‚Hebron' erhielt, siedelte unser lieber Hausvater, Herr Pfarrer Krawielitzki, mit seiner Familie von Vandsburg in die Stadt an der Lahn über. Es kam mir vor, als ob mir Gott ein Stück Heimat schenken wollte. Doch sollte meine Freude nicht lange währen. Mein Herr hatte einen neuen Plan für mich. Als im April 1909 ein drittes Mutterhaus in Gunzenhausen entstand, wurde ich bestimmt, Gott dort zu dienen.

Wenn ich auf die 10 Jahre seit der Gründung des Schwesternhauses in Vandsburg und meines Eintritts in dasselbe zurückblicke, kann ich nur danken und anbeten. Jesus hat mich nicht enttäuscht:

‚Er war mehr für mich, weit mehr,
als ich, ehe ich ihn kannte,
je gedacht hab', daß er wär'.
Und je besser ich ihn kenne,
desto treuer find' ich ihn,
desto mehr brennt meine Seele,
and're auch zu ihm zu zieh'n.'"

IV. „DIR ZUR VERFÜGUNG, MEIN GOTT UND MEIN HERR!"

– Die „Hensoltshöhe" – Ärmliche Anfänge – Wunder Gottes –

Als erst 29jährige wurde Schwester Anna Kolitz Hausmutter der „Hensoltshöhe". Ihr Leben wurde 45 Jahre lang von diesem Auftrag erfüllt und geprägt.

Die „Hensoltshöhe" war eine Gartenwirtschaft in der kleinen mittelfränkischen Stadt Gunzenhausen. Dort – am Rande des Burgstallwaldes – fand man sich im Sommer gern zu Vereinsfestlichkeiten, zum Tanz und zum Kegelspiel ein. Es verursachte einige Aufregung im Städtchen, als die „Hensoltshöhe", genannt nach einem Gunzenhäuser Bürgermeister namens Hensolt, im Jahr 1903 von dem technischen Direktor der Augsburger Kammgarnspinnerei Ernest Mehl käuflich erworben wurde. Und die Aufregung wurde noch größer, als es sich herumsprach, welchem neuen, völlig veränderten Zweck die „Hensoltshöhe" fortan dienen sollte.

Die Gartenwirtschaft „Hensoltshöhe"

Ernest Mehl war ein gläubiger, entschiedener Christ, der sich mit anderen Jüngern Jesu in Augsburg in einem Gemeinschaftskreis innerhalb der Landeskirche zusammenfand. Er zeichnete sich seinen Arbeitern gegenüber durch soziale Gesinnung und Fürsorge aus. In verschiedenen Gegenden Süddeutschlands hatte er christliche Erholungsheime kennengelernt, in denen man den „ganzen" Menschen nach Leib, Seele und Geist betreute. Neben allem, was zur körperlichen Entspannung dienen sollte, wurden Hilfen fürs Glaubensleben durch Andachten, Bibelkurse und Seelsorge angeboten. Solch ein Heim wollte Direktor Mehl gründen. Da erfuhr er durch einen seiner Schriftenmissionare, die er zur Verbreitung von Bibeln und christlichen Schriften aussandte, daß die Gartenwirtschaft „Hensoltshöhe" zu verkaufen sei. So begannen Verhandlungen, die in kurzer Zeit zum Erfolg führten.

Das neu erstellte Erholungsheim neben der ehemaligen Gastwirtschaft

Neben dem Gebäude der Gartenwirtschaft entstand der Bau eines Erholungsheimes. In Gunzenhausen horchten die Leute auf, als bekannt wurde, daß die Arbeiter von Direktor Mehl gebeten worden waren, auf dem Bauplatz nicht zu fluchen. Nach der Fertigstellung siedelte er 1905 mit seiner Familie nach Gunzenhausen über, wo er seinen Ruhestand im Dienst für den Herrn verleben wollte. Zur Leitung des Heimes und zur Betreuung der Gäste erbat er sich eine Diakonisse aus dem Gemeinschaftsschwesternhaus in Vandsburg.

Direktor Ernest Mehl

Neben das regelmäßige Angebot von Andachten und Seelsorge für die Gäste traten fortan auf der „Hensoltshöhe“ längere Bibelkurse und von Zeit zu Zeit Glaubenskonferenzen, die sich eines steigenden Besuches erfreuten. Bald fanden sich bekannte Namen aus der Gemeinschafts- und Erweckungsbewegung auf der Rednerliste: Inspektor Carl Heinrich Rappard von St. Chrischona, Pfarrer Leopold Wittekindt, Evangelist Jakob Vetter, Pastor Ernst Modersohn und andere.

Heusoltshöhe Gunzenhausen, den 28. Juli 1905

Sehr geehrter Herr General,
lieber Bruder.

Als ich Montag den 25ten Mai 1903 Sie mit Bruder Pfarrer Stockmayer früh 6.30 zum Bahnhof begleitete sprachen Sie den Gedanken aus: „Es sollte bei Nürnberg, vielleicht bei Augsburg, doch lieber noch bei Nürnberg ein Haus wie Blankenburg zur Gründung eines Allianzzentrums entstehen und Sie und Br. Stockmayer sollten es in Fluß bringen oder garantieren um demselben gleich den rechten Stempel aufzudrücken.„ Vielleicht wissen Sie schon, daß ich die Absicht hatte schon früher ein Erholungsheim in Augsburg und später in Dinglingen zu errichten, der Herr hatte es aber nicht zugelassen.

Im Juli 1903 zeigte mir der Herr eine verkäufliche Wirtschaft „die Heusoltshöhe„ in der Nähe von Gunzenhausen, deren Lage mir für meinen Zweck besonders geeignet schien, ich kaufte dieselbe, der Herr gab fortlaufend Gnade und durch dieselbe steht nun auch das neue Erholungsheim so weit fertig daß wir seit Anfang Juli einige Gäste aufnehmen konnten.

Von einer Einweihungsfeier habe ich der besonderen hiesigen Verhältnisse wegen Abstand genommen, außerdem mußte ich immer daran denken daß der Herr Himmels und der Erde in aller Stille in einem Stall auf die Welt kam. Nun es würde mir und meinen Arbeitsgenossen große Freude bereiten Sie als Gast bei uns begrüßen zu dürfen um „Altes und Neues„ aus Ihrem reichen Schatz zu empfangen. Freilich darf ich Sie nicht so ohne weiteres zu einer so weiten Reise einladen da wir wohl sehr wenige Gäste haben aber ich möchte nicht versäumen Ihnen ein „Jederzeit herzlich Willkommen„ zuzurufen.

Vielleicht führt Sie ein anderes Reiseziel

über oder in die Nähe von Gunzenhausen und
erlaubt Ihnen einen Abstecher nach Gunzenhausen
zu machen. – Auch besteht wie Sie wahrscheinlich
wissen in hiesiger Gegend ein wachsendes
Verlangen nach Gemeinschaft und besonders
nach Konferenzen und habe ich durch die Ver-
hältnisse und Lage der Heusoltshöhe die Über-
zeugung gewonnen daß der Herr hier Konferenzen
haben will. So haben wir uns entschlossen zunächst
auf Sonntag den 6ten August die Gemeinschaftsgeschwister
der Umgebung zu einer Konferenz auf d. Heusoltshöhe
einzuladen und theile ich Ihnen dies mit für den
oben angegebenen Fall daß Sie um dieselbe Zeit
eine Reise nach dem Süden unternehmen sollten.
Vielleicht schenkt uns der Herr einmal Ihren lieblichen
„Es begegnet sich" und führt Sie uns zu! das wäre eine
Ursache zu großer Freude und Dank gegen den Herrn.
Ihnen und Ihrem ganzen Hause viel Gnade und Frieden
wünschend grüßt Sie herzlich in Jesu Liebe verbunden
Ihr ergebener Ernst Mehl.

P.S. [illegible] übersende ich Ihnen ein Bild und Prospekt d. Heusoltshöhe.

(Brief von Direktor Ernest Mehl an General von Viebahn)

Hensoltshöhe Gunzenhausen, den 28. Juli 1905

Sehr geehrter Herr General,
lieber Bruder!

Als ich Montag, dem 25 ten Mai 1903, Sie mit Bruder Pfarrer Stockmayer früh 6.30 h zum Bahnhof begleitete, sprachen Sie den Gedanken aus, es sollte bei Nürnberg, vielleicht bei Augsburg, doch lieber näher bei Nürnberg ein Haus wie Blankenburg zur Gründung eines Allianzzentrums entstehen, und Sie und Br. Stockmayer sollten es in Fluß bringen oder patronieren, um demselben gleich den rechten Stempel aufzudrücken.

Vielleicht erinnern Sie sich auch, daß ich die Absicht hatte, schon früher ein Erholungsheim in Augsburg und später in Dinglingen zu errichten, der Herr hatte es aber nicht zugelassen.

Im Juli 1903 zeigte mir der Herr eine verkäufliche Wirtschaft „die Hensoltshöhe" in oder nahe an Gunzenhausen, deren Lage mir für meinen Zweck besonders geeignet schien, ich kaufte dieselbe, der Herr gab fortlaufend Gnade, und durch dieselbe steht nun auch das neue Erholungsheim soweit fertig, daß wir mit Anfang Juli einige Gäste aufnehmen konnten.

Von einer Einweihungsfeier habe ich der besonderen hiesigen Verhältnisse wegen Abstand genommen, außerdem muß ich immer daran denken, daß der Herr Himmels und der Erde in aller Stille in einem Stall auf die Welt kam. Aber es würde mir und meinen Arbeitsgenossen große Freude bereiten, Sie als Gast bei uns begrüßen zu dürfen, um „Altes und Neues" aus Ihrem reichen Schatz zu empfangen. Freilich darf ich Sie nicht so ohne weiteres zu einer so weiten Reise einladen, da wir noch sehr wenig Gäste haben, aber ich möchte nicht versäumen, Ihnen ein „Jederzeit herzliches Willkommen" zuzurufen.

Vielleicht führt Sie ein anderes Reiseziel über oder in die Nähe von Gunzenhausen und erlaubt Ihnen, einen Abstecher nach Gunzenhausen zu machen. – Auch besteht, wie Sie wahrscheinlich wissen, in hiesiger Gegend ein wachsendes Verlangen nach Gemeinschaft und besonders nach Konferenzen, und habe ich durch die Verhältnisse und Lage der Hensoltshöhe die Überzeugung gewonnen, daß der Herr hier Konferenzen haben will. So haben wir uns getrieben gefühlt, auf Sonntag, den 6. August, die Gemeinschaftsgeschwister der Umgebung zu einer Konferenz auf die Hensoltshöhe einzuladen, und theile ich Ihnen dies mit für den oben erwähnten Fall, daß Sie um dieselbe Zeit eine Reise nach dem Süden unternehmen sollten. Vielleicht schenkt uns der Herr eines seiner lieblichen „Es begab sich" und führt Sie uns zu! Das wäre mir Ursache zu großer Freude und Dank gegen den Herrn.

Ihnen und Ihrem ganzen Hause viel Gnade und Frieden wünschend, grüßt Sie herzlich in Jesu Liebe verbunden

Ihr ergebener Ernest Mehl

P. S. Vielleicht interessiert Sie ein Bild und Prospekt der Hensoltshöhe.

Direktor Mehls Gedanken und Pläne gingen noch weiter. Er hatte den Dienst der Diakonissen schätzengelernt, und zwar speziell den der Schwestern aus dem Vandsburger Schwesternhaus. Er rief sie bereits um die Jahrhundertwende zur krankenpflegerischen und geistlichen Betreuung seiner Arbeiterschaft und deren Familien nach Augsburg. Konnte und sollte nicht auch auf der „Hensoltshöhe" ein solches Mutterhaus ins Leben gerufen werden? Diese Frage brach besonders auf, nachdem immer wieder bekehrte junge Mädchen sich zum Dienst gerufen wußten und Diakonissen werden wollten. Aber zum Eintritt nach Vandsburg bekamen sie von ihren Eltern, der großen Entfernung wegen, nur schwer die Einwilligung. Mit diesem Anliegen wandte sich Direktor Mehl an Pfarrer Krawielitzki, durch dessen Tatkraft schon 1908 das Mutterhaus „Hebron" in Marburg an der Lahn entstanden war. Direktor Mehl meinte, für Bayern sei die Zeit dafür reif und mit der „Hensoltshöhe" der passende Platz vorhanden. Pfarrer Krawielitzki erkannte nach anfänglichem Zögern in Mehls Bitte und Anregung den Ruf Gottes. Er entsandte Diakonisse Anna Kolitz auf die „Hensoltshöhe", um ein Mutterhaus zu beginnen. Das war im April 1909.

Die ersten Schwestern, die eintraten, wurden zunächst im Erholungsheim aufgenommen, bis die Räume der ehemaligen Gastwirtschaft für die Zwecke eines Mutterhauses hergerichtet waren. Wer kann besser in das innere und äußere Erleben und Wachsen des neuen Mutterhauses Einblick gewähren als Schwester Anna, die jugendliche Hausmutter? Sie schreibt im ersten Rundbrief, der am 25. April 1909 an alle Vandsburger Schwestern hinausging:

„Sehr freue ich mich, Euch heute einen herzlichen Gruß von der ‚Hensoltshöhe' senden zu dürfen. Es sind gerade 14 Tage, daß ich hier bin. Eine besondere Freude: Der treue Herr hat es ermöglicht, daß unsere lieben Hauseltern, Herr Pfarrer Krawielitzki und Schwester Emilie, für die erste Zeit hier sein können, so brauche ich die Vorstellungsbesuche nicht allein zu machen. Tief beugt mich die Gnade des Herrn im Blick auf das große Arbeitsfeld, das er uns hier anvertraut hat. Ich muß ehrlich sagen, vor dieser Aufgabe zittere ich. Aber wie gut, daß mein Gott für diesen von mir nicht gesuchten Weg die Verantwortung trägt! Dies machte mich auf meiner Reise hierher getrost und fröhlich. Unterwegs las ich von David, daß er überall wußte: Wo ich auch bin, es ist Gottes Platz für mich. Und außerdem: Ob im Kampf oder bei den Schafen, ob am Königshof oder auf der Flucht, immer war David seinem himmlischen Vater gehorsam. Das möchte ich auch sein.

Eure Gebete hat Gott erhört. Ihr dürft dem Herrn danken; denn er hat freundlich hindurchgetragen. Bitte, betet weiter!"

Im nächsten Rundbrief heißt es: „Am Mittwoch trat das erste Mädchen aus Bayern ein. War das eine Freude! Da in der ehemaligen Gastwirtschaft noch manches umgebaut werden soll, wohnen wir zunächst im Erholungsheim. Zwar fehlt noch vieles, aber wir freuen uns über alles, was der Herr uns durch fröhliche Spender zukommen läßt. In diesen Tagen erhielt Herr Pfarrer Krawielitzki eine Anweisung von 5 Mark von einer Schwester aus Kaiserswerth: ‚Eine Gabe vom ältesten Mutterhaus für das jüngste!' Wie freundlich ist doch der Herr!" –

Schwester Anna sprach immer wieder dankbar von den tiefen Segnungen, die durch Pfarrer Krawielitzki in ihr Leben und Dienen hineinflossen. Sie berichtet: „Unvergeßlich ist mir, wie Herr Pfarrer in der Schwesternschule uns klarmachte, was Glaubensarbeit ist. Er verstand darunter: Keine Geldsammlungen für die Erhaltung und Weiterführung des Werkes, keine Werbung für den Diakonissendienst, kein eigenes Suchen der Arbeitsaufgaben. Alles sollten wir uns im gläubigen Gebet vom Herrn verbitten; denn Gott antwortet auf Glauben und Vertrauen mit seinem Eingreifen und seinen Wundern.

Ich habe damals sehr aufgepaßt und hingehört, und doch war in meinem Herzen ein leises Fragen: ‚Mein Gott, ob ich das jemals lernen werde, mir alles zu erglauben, mir alles schenken zu lassen, was wir im Mutterhaus nötig haben?‘ Doch war es mir ein heiliges Anliegen, mich für Gott zu öffnen und ihm ganz zur Verfügung zu stehen, um ihn zu erleben.“

Die jugendliche Hausmutter

Die junge Hausmutter hatte auf der „Hensoltshöhe“ wenig an Inventar vorgefunden. Nur einige Schanktische und Stühle waren noch von der ehemaligen Gastwirtschaft vorhanden. So wurden gebrauchte Kisten in Schränkchen und Waschtische umgewandelt. Schwester Anna und die jungen Schwestern, die nach und nach eintraten – beim ersten Mutterhaus-Jahresfest 1910 waren es bereits 24 –, haben viel gebetet und geglaubt, daß Gott ihnen alles darreichen würde, was für den Lebensunterhalt und ihren Dienst nötig war. Schwester Anna erzählt: „Als ich mit der Leitung des Mutterhauses ‚Hensoltshöhe‘ beauftragt wurde, bekam ich nicht viel bares Geld zur Verfügung gestellt. Herr Pfarrer Krawielitzki sagte: ‚Ich werde Ihnen doch nicht das Vorrecht rauben, sich alles von Gott schenken zu lassen.‘“

Zu diesem Glauben war sie von ihrem Konfirmator angehalten und ermuntert worden. Auf diesem Weg machte sie nun unzählige Glaubens- und Gebetserfahrungen, auch im Blick auf die äußere Versorgung des jungen Mutterhauses. Das machte sie mutig, Gott noch mehr zuzutrauen. Lassen wir Schwester Anna erzählen:

„Im letzten Rundbrief schrieb ich Euch, daß uns für die Einrichtung eines Mutterhauses noch fast alles fehlt. Heute kann ich Euch mitteilen: Wir haben zwei Kleiderschränke geschenkt bekommen. Schwester A. traf auf dem Weg zur Post einen Mann, der sie fragte: ‚Schwester, brauchen Sie einen Schrank? Sie können gleich mitkommen und ihn besehen.‘ Als sie hinkam, sagte seine Frau: ‚Sie können auch zwei bekommen.‘ Unsere Freude könnt Ihr Euch denken, zumal der eine Schrank so groß ist, daß er für vier Schwestern ausreicht. Damit haben wir auch schon einen für die zwei jungen Schwestern, die am Dienstag eintreten werden. Die ersten Schwestern hatten überhaupt keinen Schrank, und jetzt wartet schon e i n Schrank auf z w e i Schwestern. Außerdem erhielten wir Brot, Schinken und Eier. Einige Goldstücke fehlten auch nicht. Wie gut ist unser Gott! Schwester Marie Lober, eine unserer jungen Schwestern hier, sagte: ‚Nun weiß ich, wie man es macht. Früher hat man gemurrt und geklagt, wenn man etwas brauchte und nicht gleich bekam. Dabei ist es doch so einfach, alles vom Herrn zu erwarten.' Kindliches Bitten hat der Herr noch immer beantwortet." –

Das junge Mutterhaus hatte noch keine finanzielle Grundlage, keine festen Arbeitsbereiche. Um so verständlicher ist, wenn Schwester Anna voller Freude im nächsten Rundbrief mitteilte: „Heute am Pfingsttag haben wir unsere erste Privatpflege bekommen." –

Der Gästebetrieb im Erholungsheim war sehr gut angelaufen. Im Mutterhaus wuchs die Schwesternzahl. Um alle ausreichend versorgen zu können, wurde es dringend nötig, daß man ein wenig Landwirtschaft betrieb. Der Stall stand bereits.

Im nächsten Rundbrief hieß es: „Als Angeld für den Kauf der nötigen Schweinchen bekamen wir von einem jungen Mädchen zwei Schmuckstücke. Recht dankbar und freudig nahmen wir sie aus des Herrn Hand. Nach kurzer Zeit erhielten wir für denselben Zweck 20 Mark. Am Sonntag fanden wir in der Opferbüchse wieder 20 Mark mit dem Vermerk: ‚Zum Schweinekauf für die Hensoltshöhe.' Unsere Freude war groß, doch der Herr wollte sie uns noch vergrößern. Am selben Abend brachte uns Schwester E. 20 Mark und ein Schweinchen dazu. Unsere Herzen waren voll Lob und Dank. Um das Maß unserer Freude aber voll zu machen, erhielten wir am Dienstag aus einem Ort die Nachricht, daß dort unsere Geschwister für 38 Mark ein Schweinchen gekauft hätten und sich freuten, es dem neuen Mutterhaus schenken zu dürfen. Soeben wurde es gebracht. Es wiegt 68 Pfund, ein recht schönes Tierchen.

Aber wir hatten noch andere Bedürfnisse. Für die Schwestern benötigten wir dringend Betten. Auch hierin enttäuschte uns Gott nicht. Zunächst allerdings bekamen wir Gardinenstoff von unseren in Augsburg stationierten Schwestern. Es war zum Staunen, daß der Herr bei den Gardinen anfing. Dann brachte eine Schwester aus der Stadt die freudige Nachricht mit, daß wir ein vollständiges Bett geschenkt bekämen. Wir brauchten es nur abzuholen. Das erlebten wir noch einige Male. Dann schenkte man uns ein Sofa, um das wir gar nicht gebetet hatten, das wir aber im Erholungsheim gut verwenden konnten." –

Auch in den nächsten Rundbriefen ist viel von Glaubenserfahrungen zu lesen. Ob Hühner oder Speck, ob Handtücher oder Futtermehl, alles wurde mit Dank und Freude angenommen und war Beweis, daß der treue Gott selber für sein Werk sorgte. Aus jener Zeit stammt eine gedruckte Geschenkliste, die einen Einblick vermittelt in die Opferwilligkeit der Gläubigen für die junge Schwesternschaft und das Werk auf der „Hensoltshöhe". Mit großer Treue wurden alle Gaben, selbst die kleinsten, registriert und verwaltet. Nichts war selbstverständlich, alles Anlaß zum Danken und Freuen. Hier ist ein Auszug aus der erwähnten Geschenkliste:

> „An Naturalien sind vom 2. Juli bis zum 1. November 1913 u. a. eingegangen: 15 Pfund Hühnerfutter, 1 Korb Gemüse, 1

Pfund Kakao, 1 Stück Rauchfleisch, $^1/_2$ Pfund Schokolade, 4 Pfund Malzkaffee, 5 Köpfe Blumenkohl, 1 Sandsieb, 1 Zentner Hafer, 20 Pfund Gerste, 1 Pfund Rübensamen, 50 Pfund Kreide, 3 Pfund Leim, 1 Sandkarre, 4 Paar Gardinen, 1 Waschtischdecke, 2 Dosen Lackfarbe, 22 Pfund Federn, 10 Besen, 1 Schaufel, 51 Eier, 1 Laib Brot, $2^4/_5$ Pfund Schmalz, 10 Pfund Zucker, 6 Scheuertücher, 10 Pfund Preiselbeeren, 9 Rollen Nähgarn, 3 Fingerhüte, 8 Pfund Butter, 1 Hektographierapparat, 1 Kuh, 2 Pfund Dürrobst, 1 Glas Honig, 1 neues Kuhjoch, 1 Milchtopf."

In all diesen meist schlichten Gaben sah Schwester Anna den großen, treuen, göttlichen Geber. Es war für sie anvertrautes Gut, mit dem sie und ihre Schwestern in großer Sorgsamkeit und Gewissenhaftigkeit umgingen. Auch was in den eigenen Gärten und auf den eigenen Feldern wuchs und geerntet wurde, was ihnen in den Ställen an Federvieh, Kaninchen, Schweinen und Kühen anvertraut war, alles war Gottes gute Gabe. Alles stimmte dankbar. Alles sollte verantwortungsbewußt und treu gebraucht und verwaltet werden. Die Bescheidenheit und Genügsamkeit derer, die am Anfang des Werkes standen, ermöglichten so den Aufbau und das Wachsen der „Hensoltshöhe". Was wir heute vor Augen haben, entstand aus schlichten, unscheinbaren Anfängen.

V. „WEITERMACHEN!“

– Widerstand und offene Türen – Das Wort läuft –
– Das Werk wächst – Schrecken und Gotterleben –

Wichtiger als all das Äußere war für Schwester Anna die Verwirklichung des geistlichen Auftrages auf der „Hensoltshöhe“. Sie erbat offene Türen für das Evangelium. Darin sah sie den tiefsten Sinn und Zweck des neuen Gemeinschafts-Diakonissen-Mutterhauses, daß durch das Wort- und Tatzeugnis seiner Schwestern Menschen auf den Heiland hingewiesen und für seine Nachfolge gewonnen würden.

Was einige Diakonissen bei diesem Dienst erlebten, berichtete Schwester Anna: „Gestern sind unsere beiden Evangelisten-Schwestern wieder gut heimgekommen. Der Herr hat trotz der Schwierigkeiten reichlich gesegnet. Viele Besucher bekehrten sich, und gleichgültig gewordene Gotteskinder wachten auf. Es gab aber auch große Schwierigkeiten: Zwei junge Mädchen hatten den Heiland gefunden und waren bereit, ihm zu dienen. Als bekannt wurde, daß sie bei uns eintreten wollten, machte man es ihnen so schwer, daß sie jetzt zu keiner ‚Stunde‘ mehr kommen. – An einem anderen Ort war es der Lehrer, der den Kindern verbot, die Kinderstunde zu besuchen. Das Verbot bewirkte das Gegenteil. Es kamen immer mehr. Bitte, betet weiter, daß die Kinder für Jesus gewonnen werden und wir dadurch auch die Eltern erreichen! – Im allgemeinen stoßen unsere Schwestern im Verkündigungsdienst auf großen Widerstand. Es ist ungewohnt, Diakonissen in der Wortverkündigung zu erleben. Überhaupt steht man – gottlob nicht überall – dem Mutterhaus abwartend und mißtrauisch gegenüber.“

Die seit etlichen Jahren stattfindenden Osterkonferenzen auf der „Hensoltshöhe“ wurden ein Anziehungspunkt für viele, besonders für junge Menschen aus Bayern. Über die zweite Osterkonferenz, die Schwester Anna 1910 miterlebte, schreibt sie in einem Brief: „Nun ist unsere Konferenz vorüber. Wie reichlich hat der Herr gesegnet! Junge Menschen übergaben Jesus ihr Leben. Mit vielen Mädchen führte ich seelsorgliche Gespräche. Der Besuch war so zahlreich, daß die Plätze nicht ausreichten. Alle Türen wurden geöffnet, damit jeder gut verstehen konnte. Wir Schwestern machten Platz und hörten vom kleinen Eßzimmer aus zu. Daß wir uns mit dem Schlafen sehr einschränken mußten, könnt Ihr Euch denken. Aber wir taten es sehr gern und brachten fröhlich dieses Opfer. Wir rechnen damit, daß die Zahl der Konferenzteilnehmer trotz Widerstand im nächsten Jahr weiter ansteigen wird.“

Es ist nicht möglich, das äußere und innere Wachstum des Mutterhauses ausführlich darzustellen. Auf jeden Fall: Gott bekannte sich zu dem Vandsburger

Der neue „Bethelsaal“

Ableger in Bayern. In Nürnberg, Zirndorf, Ansbach und anderswo entstanden Stationen der „Hensoltshöhe“ mit Krankenpflege und Wortverkündigung. Die Beteiligung an den Bibelwochen und Konferenzen nahm stetig zu, so daß der Raum kaum noch ausreichte. Deshalb mußte man einen größeren Konferenzsaal haben. Dieser wurde über dem vorhandenen früheren Tanzsaal errichtet und konnte Ostern 1911 als „Bethelsaal“ mit rund 800 Plätzen eingeweiht werden.

Am 21. Juni 1912 wurde der treue väterliche Freund und unermüdliche Helfer und Ratgeber der Schwestern, Direktor Ernest Mehl, heimgerufen. Oft erzählte Schwester Anna im Schwesternkreis von der heiligen Abschiedsstunde am Sterbebett. Den Familienangehörigen und sonderlich den Schwestern rief der sterbende Patriarch mit letzter Kraft glaubensfroh zu: „Nun laßt die Gefühle! Schaut nicht nach unten; schaut auf den Herrn!“ Das entsprach seiner unerschütterlichen Glaubenshaltung, mit der er oft in schwierigen Lagen und Situationen mutmachend ausgerufen hatte: „Weitermachen!“

Wie nötig brauchte die Schwesternschaft diesen Zuruf, auch die junge Hausmutter! Als das Mutterhaus Zeiten der Anfeindungen und Bedrängnisse erlebte und man besonders Schwester Anna in ihrer Arbeit hindern wollte, ging sie glaubensmutig und kühn ihren von Gott vorgezeichneten Weg. In dieser schweren Zeit hielt sie ihren Schwestern eine Andacht über Nehemia 6, 11: „Sollte ein solcher Mann fliehen? Sollte ein solcher Mann, wie ich bin, in den Tempel gehen, daß er lebendig bleibe?“ Mit diesem Wort der Bibel bekundete sie, daß sie unbeirrbar an ihrem Platz und Auftrag festhalten und sich nicht durch Feindeslist und Tücke davon abbringen lassen wollte. Schwierigkeiten und Verleumdungen konnten sie nicht einschüchtern und kampfunfähig machen. Sie hielt es mit Jakob Vetter, dem Gründer der Deutschen Zeltmission, der öfter Konferenzredner auf der „Hensoltshöhe“ war: „Wo Widerstand ist, da fahr zu! Da ist der Herr dabei.“

Auch nach dem Tod von Direktor Mehl ging die Arbeit unaufhaltsam weiter.

Schon während seiner Tätigkeit als Fabrikdirektor hatte er von Augsburg aus Kolporteure mit Bibeln und christlichen Schriften ins Land gesandt, um damit Gottes Wort in die Häuser und Familien hineinzutragen. Dieser Auftrag fand seine Fortsetzung und Erweiterung, als Direktor Mehl nach der „Hensoltshöhe“ umgesiedelt war. Daraus entstand später die „Kolportage“ des Mutterhauses, die heutige „Francke-Buchhandlung“.

Die gläubigen Schriftenmissionare – es waren meist zwei oder drei – zogen von hier aus mit ihren voll bepackten Büchertaschen landauf, landab. Wie freute sich Schwester Anna immer, wenn diese Brüder zurückkehrten und von ihrem Erleben berichteten! Sie erfuhren draußen manche Ablehnung, fanden aber auch guten Eingang in den Häusern, wo sie Andachten hielten. Damit öffnete sich hier und da eine Tür für die Schwestern. An immer mehr Orte wurden diese gerufen und entfalteten ihre Tätigkeit in der Krankenpflege und im Seelsorgedienst an Frauen und jungen Mädchen.

Die Hausmutter besuchte ihre Schwestern auf den Stationen oft überraschend und unangemeldet, tröstete, machte Mut, gab Ratschläge, ermahnte und half mütterlich und seelsorgerlich. Sehr oft war sie unterwegs. Doch dann kehrte sie mit großer Freude auf ihre geliebte „Hensoltshöhe“ zurück. Dort wurde sie immer sehr erwartet.

Von der Reise wieder daheim

Das Leben ging weiter. Mehr und mehr Menschen besuchten die Bibelwochen. Die Schwesternschaft wuchs. Beim 3. Jahresfest waren es schon 56 Schwestern. Längst war die alte, ehemalige Gastwirtschaft zu klein. Man mußte ernstlich überlegen, wie man aus der Enge herauskommen konnte. Da entstand der Plan, ein neues Erholungsheim zu bauen und das Mutterhaus in das bisherige zu verlegen. Im Oktober 1913 wurde dieser Plan Wirklichkeit. Die Ausschachtungsarbeiten für das Fundament begannen. Wunder über Wunder erlebte man beim Bauen, sei es durch die nötigen Gelder, die immer im richtigen Augenblick da waren, sei es durch die praktische Hilfe mancher einsatz- und opferfreudiger Menschen.

Neues Erholungsheim

Kurz vor dem Richtfest erlebte die Schwesternschaft einen großen Schrecken. Schwester Anna ging am 14. Juni 1914 zum Neubau, um dem Bauleiter, Bruder Geuder aus Uffenheim, Mut zuzusprechen, der durch die anhaltenden Regengüsse recht entmutigt war. Da zog überraschend ein schweres Gewitter auf. Ein Blitzschlag traf Schwester Anna, den Bauleiter und einige Arbeiter, die alle bewußtlos zu Boden geworfen wurden. Am schwersten war Schwester Anna getroffen. Man glaubte, sie sei tot. Wie atmete alles auf, als sie nach langer Bewußtlosigkeit erwachte! Doch der Schrecken war groß: Sie konnte nicht mehr sehen. Dazu kam die niederdrückende Auskunft von den Augenärzten, daß sie das Augenlicht wohl nie wieder erlangen würde. In dieser Zeit ging Schwester Anna durch schwerste Glaubensproben. Sie wurde aber innerlich bereit, „Ja, Vater“ zu sagen, das Los der Blindheit aus Gottes Händen zu nehmen und ihm dann eben blind zu dienen. Doch der Herr griff gnädig ein und gab ihr nach Monaten auf Glaubensgebet hin die Sehkraft zurück, so daß sie ihre Arbeit wieder voll aufnehmen konnte.

Am 14. September 1914 läßt Schwester Anna sich wieder im Rundbrief vernehmen: „Nach ungefähr einem Vierteljahr darf ich Euch wieder einen persönlichen Gruß senden und Euch meinen innigen Dank aussprechen für Eure treue Fürbitte. Die stille Zeit in Vandsburg war mir zum reichen Segen. Ich habe nur einen Wunsch, mein ganzes Leben, das Gott mir noch einmal in seiner Gnade geschenkt hat, ihm zur Verfügung stellen zu dürfen."

Zur völligen Wiederherstellung wurde Schwester Anna ärztlicherseits dringend ein längerer Aufenthalt in Höhenklima geraten. Auf der Suche nach einem passenden Heim wurde Pfarrer Krawielitzki nach Berchtesgaden geführt und dort in wunderbarer Weise auf das zum Kauf ausgeschriebene „Georgihäusl" aufmerksam gemacht. Bereits ein volles Jahr wartete das neu erbaute und völlig eingerichtete Haus auf seinen eigentlichen Besitzer. Des Krieges wegen konnte dieser es als Ausländer nicht beziehen.

Nach Übernahme des Hauses fand Schwester Anna den Platz, an dem sie ihre so schwer angeschlagene Gesundheit wiedererlangen sollte. Das „Georgihäusl" wurde auch zur stillen Segensstätte für ungezählte Werkglieder und vor allem für die Diakonissen des Gesamtwerkes.

VI. FROHES ERLEBEN IN SCHWERER ZEIT

– Der Erste Weltkrieg – Volle Häuser – Verlangende Herzen –

In der Weltgeschichte begann ein dunkles Kapitel: Der Erste Weltkrieg. Schwester Anna schreibt nach Ausbruch des Krieges: „Seit der Mobilmachung ist auf einmal unsere ‚Hensoltshöhe' für ganz Gunzenhausen ein Anziehungspunkt geworden. Vielen von Euch ist ja bekannt, daß wir unser Mutterhaus, die ehemalige Gastwirtschaft, für Lazarettzwecke hergegeben haben. Wir Schwestern sind ins Erholungsheim gezogen und nannten es auch gleich Mutterhaus. In unserem bisherigen großen Saal, dem Schwestern-Eßzimmer, im Nähzimmer sowie in allen anderen Zimmern haben wir Betten für verwundete Soldaten bereitgestellt.

Täglich kommen Menschen aus der Stadt, um unser Lazarett zu besichtigen. Sie sind ganz überrascht. Viele sagen, sie hätten sich die ‚Hensoltshöhe' ganz anders vorgestellt. Und ich glaube, daß dadurch manches Mißtrauen gegen uns geschwunden ist.

Heute haben wir 66 Verwundete aufgenommen. Ein Teil ist leicht und der andere schwer verletzt. Einigen wurde erst hier das Geschoß herausoperiert, was für sie außerordentlich schmerzhaft war. Überhaupt haben fast alle große Wunden. Die Soldaten fühlen sich bei uns gleich vom ersten Augenblick an wohl. Wer aufstehen darf, hält sich mit Vorliebe in unserem schönen Wald auf. Es ist uns ein großes Anliegen, daß die Verwundeten in unserem Haus die Botschaft von Jesus hören und als Männer, die sich retten ließen, unsere ‚Hensoltshöhe' verlassen.

Deshalb hält jeden Abend eine Schwester die Andacht und betet mit ihnen.

Einer unserer Verwundeten war schwer krank und wünschte seine Frau und Kinder hier zu haben. Das war aber gar nicht so einfach; denn für die weite Reise vom Rheinland bis nach Gunzenhausen hatte sie für sich und ihre Kinder kein Geld. Sie versuchte bei den Kunden ihres Geschäftes ausstehende Summen einzuholen. Doch nirgends war Geld zu kriegen. Am Nachmittag vor der geplanten Abreise kam die Hausbewohnerin, um die Miete zu bezahlen. Auf die verwunderte Frage der Hausfrau, warum sie denn heute schon zahlen wolle, es wäre doch noch nicht der Erste, meinte jene: ‚Ich dachte, Sie können vielleicht das Geld gut gebrauchen, und ich hab's ja liegen.' Die Freude der Ehefrau war groß. Gleich beurlaubte sie ihren Gesellen, schloß das Geschäft und kam zu ihrem Mann. Sie verlebten zusammen frohe und reiche Tage, zumal es ihm schon wieder besser ging. Das Schönste aber war, daß die Ehefrau unter der Wortverkündigung in den Andachten den Heiland fand und das älteste Töchterchen ebenfalls. ‚Nun weiß ich', meinte sie, ‚warum ich hierher kommen mußte!' Es war ihr ein Anliegen, daß ihr Mann und die beiden anderen Kinder sich auch bald Jesus, dem Guten Hirten, hingeben möchten. Wir freuten uns sehr mit ihr."

Wochen später teilt Schwester Anna mit: „Eine besondere Freude ist es uns gewesen, daß die Verwundeten die Versammlungen der Adventskonferenz so zahlreich besuchten. Drei von ihnen erschienen zu jeder Stunde, um ja nichts zu versäumen. Außer diesen kamen immer noch so 10 bis 15 Soldaten, um zu hören, was verkündigt wurde. Einige Verwundete nutzten die Gelegenheit und baten Fabrikant Blank, unseren Konferenzredner, ihnen eine Extrastunde zu halten, da in den Konferenztagen so viele Fragen aufgewacht seien, die sie gern beantwortet haben wollten. Fabrikant Blank erfüllte mit großer Freude ihre Bitte."

Nicht nur in der Heimat, sondern auch nahe der Front und in der Etappe waren Schwestern des Gesamtwerkes, auch einige Schwestern der „Hensoltshöhe", in Lazaretten eingesetzt. Sie erlebten dort die Schrecken des Krieges. Trotz vieler persönlicher Entbehrungen und in manchen Notsituationen erfuhren sie die Durchhilfe ihres treuen Herrn.

In dieser schweren Zeit des Krieges weiß Schwester Anna vom Wirken Gottes auf der „Hensoltshöhe" und hin und her im Land zu berichten: „Vergangenen Sonntag feierten unsere Schwestern in Nürnberg ihr erstes öffentliches EC-Jugendbund-Jahresfest in einem großen Saal der Stadt. Über 1000 Menschen kamen, auch auswärtige Jugendbündler. Die Feier und der ganze Tag waren reich gesegnet. Wir beten weiter, daß dieses erste öffentliche Fest viel Frucht für die Ewigkeit abwerfe." –

Trotz des Krieges konnte der begonnene Neubau des Erholungsheimes 1915 vollendet werden. Das bedeutete für die Osterkonferenz eine spürbare Erleichterung. Ein Echo von Schwester Anna: „Nun liegen die schönen Ostertage auf der ‚Hensoltshöhe' schon wieder hinter uns. Wir sind dem Herrn von Herzen dankbar für alle Segnungen. Er hat unsere Gebete erhört, indem er viele Menschen herführte. Die Freude, daß wir für die Konferenz das neue Haus belegen konnten, kann ich Euch nicht beschreiben. In einer Nacht waren 426 Gäste unterzubringen. Solch eine Zahl hatten wir bis dahin noch nicht."

Die Berichte über die Konferenzen während der Kriegsjahre zeigen das große Verlangen der Menschen nach Frieden mit Gott und Vergebung ihrer Sünden: „1916 blieben bei der Nachversammlung, die Evangelist Jakob Vetter hielt, etwa 300 Menschen zurück. Viel Schuld wurde abgeladen." – Von der Osterkonferenz während des Krieges im Jahr 1918 heißt es: „Tief bewegt stehen wir unter dem Eindruck der Segnungen unseres Gottes. Fast 1000 Anmeldungen für Übernachtungen gingen ein. Schon am Sonnabend waren 500 Gäste angekommen. 200 konnten wir in der Stadt unterbringen, die anderen in Massenquartieren in unseren Häusern.

Unser großer Konferenzsaal wollte nicht mehr ausreichen. Die Leute standen trotz Regen draußen vor der geöffneten Saaltür und hörten zu. Ja, selbst zu den Luftklappen, die über dem Saal angebracht sind, waren sie hinaufgestiegen, um von da aus die Botschaft mitzubekommen. Zur Nachversammlung am ersten Feiertag blieben Hunderte zurück. Auf der Heimfahrt mußte ein Teil der Konferenzgäste wegen eines überfüllten Zuges in Pleinfeld warten. Sie sangen miteinander frohe Jesuslieder und überbrückten damit die Zeit."

Von der Pfingstkonferenz desselben Jahres heißt es: „Im großen und ganzen trug sie ein anderes Gepräge als die Osterkonferenz. Ostern kommt hauptsächlich die Jugend, während zu Pfingsten sich meist Erwachsene einstellen. Diesmal waren auffallend viele Männer gekommen. In der Mittagspause konnte man bei prachtvollem Wetter im Freien sein. Der Herr wirkte! Viele Menschen haben ein neues Leben mit Jesus begonnen."

VII. WERDEN UND WACHSEN IN DEN NACHKRIEGSJAHREN

– Erster Hausvater – Neue Häuser – Neue Aufträge –

Im November 1918 fand der Erste Weltkrieg unter viel politischen und wirtschaftlichen Erschütterungen sein Ende. Der Dienst der Hensoltshöher Schwestern ging aber unter den neuen Verhältnissen zielstrebig weiter. In der Mutterhausgeschichte beginnt ein neuer Abschnitt. Das erste Jahrzehnt war vorüber. Die junge Hausmutter trug die Verantwortung für Aufbau und Führung der Schwesternschaft mit der treuen Unterstützung von Pfarrer Krawielitzki weitgehend allein. Einmal äußerte sie dankbar, wie immer alles Schwere von ihr abfiel, sobald Herr Pfarrer die Schwelle des Mutterhauses überschritt. Nun war die Zeit gekommen, daß Gott auf viel Gebet hin den Rektor und Hausvater in Pfarrer Ernst Keupp schenkte. Mit reichen Gaben ausgestattet und einem Herzen voll brennender Retterliebe, vor allem für Trunkgebundene, kam er Ostern 1919 auf die „Hensoltshöhe", wo ihn ein reiches Tätigkeitsfeld erwartete.

Hören wir einen Auszug aus dem Jahresbericht der Hausmutter von Ostern 1919: „Das Diakonissen-Mutterhaus feiert heute eigentlich ‚Silvester'. Morgen ist es 10 Jahre alt. Die Zahl der Schwestern beträgt genau 200. Eine große Freundlichkeit unseres Gottes sehen wir darin, daß er uns gerade nach Erreichung einer solch runden Jahres- und Schwesternzahl Herrn Pfarrer Ernst Keupp als Hausvater geschenkt hat.

Pfarrer Ernst Keupp

Heute arbeiten etwa 100 Schwestern auf 46 bayerischen Arbeitsfeldern, von denen einige unmittelbar mit dem Mutterhaus zusammenhängen: Erholungsheim, Haushaltungsschule, Kindergarten, Handarbeits- und Weißnähkurse, Gemeinde. Eine Station haben wir in Württemberg.

Unsere Haushaltungsschülerinnen

Seit Januar ist das Lazarett aufgelöst und unser Mittelbau Haushaltungspensionat für junge Mädchen geworden. 34 können dort aufgenommen werden. Im letzten Jahr hatten wir 74 Mädchen. Augenblicklich ist ein guter Geist unter unserer Jugend im Pensionat. Manche von den ‚Starken‘ sind überwunden worden vom Herrn. Eine unserer Schülerinnen, welche sich für Gott entschieden hatte, tapfer durchging, auch freudig nach Hause berichtete und um Erlaubnis bat, Schwester werden zu dürfen, bekam eine Karte von ihrem Bruder. Er schrieb, er wolle sie zu Pfingsten besuchen und ihr die ‚Grillen‘ austreiben. Er kam auch, besuchte die Konferenzstunden, wurde erweckt und sagte: ‚Ich kann verstehen, daß du Schwester werden willst. Wenn ich noch ein paar Tage hier bleiben könnte, wollte ich Bruder werden.‘

Es ist uns ein großes Anliegen, daß Gott an den Herzen unserer Mädchen wirkt und sie durch den Aufenthalt bei uns einen bleibenden Gewinn für ihr äußeres und inneres Leben erhalten möchten.“

In der außerordentlich schwierigen Ernährungslage der Nachkriegsjahre gab Gott Hilfe durch den Wieshof. Ein „steinreiches“, im Hahnenkamm gelegenes Bauerngut konnte erworben werden. Ein gläubiger, williger Gutsverwalter und tapfere Wirtschaftsschwestern zogen dort ein. Durch den Aufbau des alten Bauernhauses und später der Luftbäder wurden gleichzeitig Erholungsstätten für die Schwestern gewonnen. Der Wieshof ist heute beliebter Freizeitort für Jugend- und Kindergruppen.

Die junge Hausmutter scheute keine Mühe, der Wieshofbesatzung mit Rat und Tat zur Seite zu stehen. Oft fuhr sie in aller Frühe stundenlang mit dem Fahrrad auf schlechten Wegen über Berg und Tal nach dem entlegenen Wieshof. Dort stärkte sie mit Gottes Wort und gutem Rat die treuen Schwestern und Brüder.

In späteren Jahren hielt sie gern den Erholungsschwestern dort gesegnete Bibelstunden und stand für Seelsorge tagelang zur Verfügung. Abwechselnd mit ihr tat diesen Dienst auch der Hausvater des Mutterhauses, Pfarrer Keupp.

Nun wieder eine wichtige Mitteilung Schwester Annas: „Im April 1924 bot sich eine einmalige Gelegenheit, das ans Mutterhaus angrenzende ‚Bezirkskommando' zu erwerben. Dafür sollte ein räumlich etwa gleichwertiges Gebäude als Gegenobjekt gegeben werden. Doch das besaßen wir nicht. In der Stadt aber war die ehemalige ‚Malzfabrik' zum Kauf ausgeschrieben. Diese wurde unter großen Opfern von uns erworben und sollte nun als gleichwertiges Tauschobjekt auf unsere Kosten für die Zwecke der Stadt umgebaut werden. Als diese Änderungsarbeiten bereits im Gang waren, zeigte sich, daß die Stadt trotz langer Verhandlungen kein Interesse mehr an der Übernahme der alten Fabrik hatte. So besaßen wir auf einmal zwei Häuser, ohne daß wir es wollten." Und das kurz nach der Inflationszeit! Wie groß die geldlichen Engen und die damit verbundenen Glaubensproben waren, braucht wohl nicht extra erwähnt zu werden. Aber welch eine weise Vorausschau Gottes! Dieses Haus wurde später Sitz der Gemeinschaftsarbeit mit Kindergarten und für Schulzwecke verschiedenster Prägung bis hin zur Fachakademie für Sozialpädagogik genutzt. Haus „Silo", ein Vielzweckhaus für Gottes Sache!

Und das „Bezirkskommando“ – jetzt Haus „Eben-Ezer“ – wurde für Jahrzehnte die Unterkunft für Haushaltungsschule, Mittelschule und Seminare.

Ein dritter großer Glaubensschritt wurde gewagt. Eine Konferenzhalle – „Zionshalle“ genannt – mit fast 3000 Sitzplätzen konnte mit Gottes Hilfe erstellt werden. Für die Schwestern, die das damals miterlebten, bleiben die Wochen und Monate mit schier unüberwindlichen Schwierigkeiten unvergeßlich. Pfarrer Keupp brachte viele aufreibende Stunden mit Verhandlungen und Besprechungen bei Ämtern und Baufirmen zu. Es ist allen heute noch ein wirkliches Wunder Gottes, wie der Bau zu Ende geführt werden konnte. Das Geld verlor ständig an Wert. Die Bank, der die Mutterhausgelder anvertraut waren, machte bankrott, ebenso die Baufirma. Gelder, die bereits angezahlt waren, gingen damit verloren. Diese Tiefen waren „Gutwetter für den Glauben". Er blieb nicht unbeantwortet. Gott half wunderbar durch alle Wirrnisse hindurch.

Das Glaubensziel der Schwestern war, daß die Halle zur großen Jugendkonferenz Ostern 1926 eingeweiht werden kann. Alle äußeren Umstände sprachen dagegen. Erst am Ostersamstag erteilte die Baupolizei die schriftliche Genehmigung zur Benutzung des Gebäudes. Schwester Anna zog mit der Schwesternschar schon am Karfreitag in die noch nicht ganz fertiggestellte Halle, um Gott zu danken und seinen Segen für die kommenden Konferenztage zu erflehen. Daß die Halle dann am Osterfest die vielen aus nah und fern aufnehmen konnte, war für Schwester Anna und ihre Schwestern eine ganz große Freude! Wieviel leichter wurde jetzt das Zusammenkommen der Tausende. Aber das war gar nicht das Wichtigste, sondern in der Halle sollte das Evangelium klar verkündigt und gehört werden. Hier sollte Gott Glauben und Gehorsam wirken. Deshalb gab Schwester Anna ihren Schwestern einige Anweisungen: „1. Erwartet Großes von Gott im Blick auf die Jugend! 2. Richtet besondere Gebetsstunden ein! Betet um Zeugnismöglichkeiten unterwegs, um zuchtvolles Verhalten und um die rechte Stille! 3. Kümmert Euch während der Konferenztage um Eure Jugendlichen! Geht ihnen seelsorgerlich nach! – Auch wir im Mutterhaus ringen darum, daß unsere Konferenz, die in den letzten Jahren unter Raummangel stattfinden mußte, wieder mehr unter das Wirken des Heiligen Geistes kommt. Ihr wißt, daß dazu in erster Linie Stille gehört."

Seit dieser ersten Konferenz in der „Zionshalle" kommen an jedem Karfreitag alle Schwestern des Mutterhauses zusammen, um die Konferenz betend vorzubereiten.

Von den schon erwähnten „Erholungskreisen", die der körperlichen Kräftigung und der geistlichen Neubelebung dienen, kamen die Schwestern freudig, neu ausgerüstet und brennend für Jesus auf ihre Stationen zurück. Ein Zugschaffner fragte sie einmal unterwegs: „Wo kommt ihr denn her? Ihr habt alle so ‚gewaschene' Gesichter!" – Die Geschwister der Gemeinschaften sahen auch die Veränderung und fragten: „Können wir nicht auch so etwas wie Erholungskreise haben? Wir brauchen das ebenso!" Solch inneres Verlangen führte zur Einrichtung der „Ferienkurse".

Erste Freizeit 1920

In einem Berichtsblatt von 1920 steht die Einladung zu einem „Ferienkurs für junge Männer“, bei dem es „neben körperlicher Erholung vor allem um Vertiefung des inneren Lebens, gegenseitige Ermunterung zur Arbeit für den Herrn und Gemeinschaft untereinander“ gehen sollte. So etwas kannte man bisher noch nicht. Wohl gab es schon mehrtägige Ferienlager im CVJM und christliche Konferenzen, die sich über einige Tage erstreckten. Aber daß man eine ganze Woche mit dem obengenannten Ziel in einem geschlossenen Kreis zusammensein wollte, das war neu. Die Einrichtung der „Ferienkreise“, die bald „Freizeiten“ genannt wurden, bewährte sich. Gleich in den ersten Jahren war der Andrang zu diesen Veranstaltungen so groß, daß man solche für Männer, Frauen, junge Männer, junge Mädchen, Kinder, Blaukreuzler, Pfarrer, Lehrer u. a. planen mußte. Die Freizeiten, von denen nicht zu zählende Segnungen ausgingen, gehören bis heute zum Jahresprogramm des Mutterhauses „Hensoltshöhe“.

Lehrerfreizeitkreis

Auch in Schwester Annas Berichten ist bald von Freizeiten die Rede. Sie freute sich über diese offenen Türen: „Viel Durchhilfe haben wir erfahren", schreibt sie. „Unsere Herzen sind voll Anbetung, daß Gott uns so viele Menschen anvertraut. Wir haben in dieser Freizeit ca. 180 Mädchen. Im nächsten Sommer müssen wir unbedingt zwei Freizeiten für sie einplanen. In diesem Jahr war es uns leider nicht möglich, weil ein Kurs den anderen ablöste. Es ist ja nicht leicht, bei dieser großen Zahl allem nachkommen zu können. Desto mehr freuen wir uns, daß gerade Pastorenkurs ist und Pastor Thimme, Pastor Modersohn sowie General von Oven einige Stunden bei der Mädchenfreizeit übernommen haben. Auch ein rumänischer Pfarrer erzählte in gebrochenem Deutsch seine Bekehrungsgeschichte, die ergreifend war. Gott wirke nun weiter an den jungen Menschen!"

In den Jahren der Freizeitarbeit zeigte es sich, daß während der stillen Zeit unter dem Wort Gottes sich viele junge Menschen für die Nachfolge Jesu entschieden und für Mission und Diakonie rufen ließen.

Freilich sind Freizeiten für das Mutterhaus nicht nur Segenszeiten, sondern auch Zeiten besonderen Einsatzes. Niemals war die finanzielle Frage vorrangig, sondern der missionarische Auftrag. Es war ja Gottes Sache. Darum verließ man sich auf ihn. Und er enttäuschte nicht.

Neben den Freizeiten ging die schon länger bewährte und von Gott bestätigte Arbeit der Evangelisation weiter. Vor allem im Winter waren manche der Schwestern, denen diese Gabe von Gott verliehen war, zu Evangelisationswochen für Frauen und Mädchen unterwegs.

Aus Berichten: „Wir stehen mitten in unserer Evangelisation hier in Gunzenhausen. Gleich am ersten Abend waren 150 und in der Bibelstunde am Nachmittag 40 Besucher da.“ – „In einem Ort war die Evangelisation bereits schon abgeschlossen. In der nächsten Bibelstunde erlebte die Schwester die große Freude, daß noch 12 Frauen ihr Leben an Jesus auslieferten.“ – „Gestern kamen einige junge Mädchen. Sie konnten es nicht mehr für sich behalten und mußten es bezeugen, daß sie nun dem Heiland folgen wollten.“ –

Nun noch einige Zahlen und Ereignisse aus dem Jahresbericht der Hausmutter vom Jahr 1926:

„Im verflossenen Jahr schenkte uns Gott die Freude, daß er uns in Herrn Pfarrer Woeckel einen neuen Mitarbeiter gab. Dafür sind wir Gott sehr dankbar.

Erholungskreise hatten wir in diesem Jahr fünf. Bei der stets steigenden Schwesternzahl – wir sind heute insgesamt 555 – müssen wir jetzt beinahe das ganze Jahr mit Erholungskreisen belegen. Das sind für uns im Mutterhaus immer segensreiche Wochen. In einem der Herbsterholungskreise schenkte uns Gott eine Erweckung. Das gleiche erlebten wir vor Ostern. Gottes Geist mahnte uns, in unserem Leben nichts zu dulden, was seinen Segen in den Ostertagen hindern könnte. Wir erkennen immer mehr, wieviel von unseren Erholungskreisen für unser ganzes Werk und für die Arbeit draußen abhängt.

Was für unsere Schwestern die Erholungskreise bedeuten, das werden für unsere Geschwister die Freizeiten. Wir konnten in diesem Jahr 21 durchführen. Es ist uns ein Anliegen, daß Gott es vielen Menschen aufschließt, wieviel innerer Gewinn in stillen Freizeittagen liegt. Fern vom Trubel des Alltags und der Arbeit hört man Gottes Stimme viel deutlicher.

106 Töchter gingen in diesem Jahr durch unsere Haushaltungsschule. Es war eine große Aufgabe, aber eine noch größere Freude. Zum Teil waren die jungen Mädchen recht lebhaft. Deshalb war das Arbeiten im Haus mit ihnen nicht immer leicht. Aber ihre rege Beteiligung im Unterricht machte große Freude. Auch in diesem Jahr tat Jesus sein Werk an unseren Schülerinnen. Die meisten haben ihn als Führer ihres Lebens erwählt.

Wir arbeiten jetzt auf 133 Stationen, davon kamen im vergangenen Jahr 22 dazu. Von den neuen Stationen wäre besonders die Übernahme der Sonnenlichtheilstätte für Kinder in Bad Elster/Vogtland zu erwähnen. 13 Schwestern wurden dort eingesetzt.

Zwei Schwestern konnten wir ausschließlich für die Blättermission frei machen. Eine davon dient in der Nürnberger Blätterarbeit, die andere ist in der Hauptstelle der Blättermission in Marburg tätig."

VIII. DIE SEELSORGERIN

– Seelsorge an der eigenen Seele –
Offene Augen für andere –

Als ein Werk, das aus der Erweckung geboren war, sollte die „Hensoltshöhe" auch immer der Erweckung dienen. Schwester Anna schreibt: „Wir brauchen geistesmächtige Schwestern, sonst können wir die Aufgaben nicht lösen, die unser Gott uns stellt. Die Menschen werden uns in der Ewigkeit verklagen, weil wir ihnen nicht den Weg zum Leben zeigten, und das nur aus dem einen Grund, weil wir zuviel die eigenen Interessen verfolgten, anstatt für Gottes Sache dazusein. Schwestern, dienen wir noch in der ersten Liebe? Ist es uns noch ein brennendes Anliegen, Menschen zu Jesus zu rufen, damit sie nicht verlorengehen?"

Schwester Anna

Schwester Anna selbst erneuerte immer wieder ihre Bereitschaft, ganz und ungeteilt dem Herrn zur Verfügung zu stehen. Das wird in den folgenden Zeilen sichtbar: „Über Marktredwitz reiste ich nach Neuenmarkt, wo ich einige Tage bei den Schwestern blieb. Dort feierte ich auch in aller Stille meinen Geburtstag. Es war ein schöner, gesegneter Tag.

Einige Stunden war ich ganz allein im herrlichen Wirsberger Tannenwald. Gottes Nähe war mir beglückend. Ihm, der so viel für mich getan hat, mein Leben neu zu weihen, ihm noch besser zu dienen, das war mein tiefstes Verlangen."

Schwester Anna war es ein heiliges Bedürfnis, daß jede Schwester persönlich vom Geist Gottes innerlich neu belebt würde. Mit Freuden berichtet sie im Mai 1921: „Der Herr hat unsere Gebete erhört und uns den äußeren Regen gegeben, der Natur und Menschen erquickte. Aber er gab auch den geistlichen Regen, indem er uns mit Gericht und Gnade begegnete und ein inneres Aufwachen schenkte. Zunächst brach dies unter unseren Erholungsschwestern auf. Der Geist Gottes wirkte wie ein zweischneidiges Schwert, das durch Mark und Bein ging und Seele und Geist schied, und wurde ein Richter der Gedanken und Sinne des Herzens (Hebr. 4, 12). Gottes Geist drängte alle Sünde aus Vergangenheit und Gegenwart ans Licht. Ungehorsam und Bindungen wurden bekannt. Was für eine Barmherzigkeit ist es doch, daß Gott uns nicht in unserer alten, verkehrten Art dahingehen läßt, sondern eingreift! Betet doch weiter, daß er durch alle unsere Häuser gehen kann und wir alle von diesem Geist erfaßt werden! Nicht Gefühle sollen sichtbar werden, sondern die tiefgehenden Wirkungen des Heiligen Geistes."

Die Erweckung ging weiter. Eine Schwester schreibt an die Hausmutter: „Gestern nachmittag war ich in einer Besprechung im Brüderkreis. Mit einem Mal meldete sich Herr X. zu Wort und sagte, er müßte, bevor wir weitersprächen, erst sein Gewissen entlasten. Darauf bat er einen anderen Bruder um Verzeihung wegen eines scharfen Wortes. Mich hat dieser Mut bis in die innerste Seele gepackt, und das demütige Gebet des Bruders bewegte mich sehr. Ich erkannte, daß meine Stellung zu meinem Heiland auch nicht mehr klar war. Viel Sünde und Untreue liegt in meinem Leben, und außerdem bin ich innerlich faul und müde, ein klares Zeugnis abzulegen. Das Bekenntnis von Herrn X. weckte in meinem Herzen wieder tiefe Sehnsucht nach echter Gemeinschaft mit Gott. Wenn ich still werde und überlege, wo der tiefste Grund meiner Armseligkeit liegt, muß ich zugeben, daß es ganz allein die Angst vor dem Kreuzesweg ist. Ich merke, wie mein Herz vor einem neuen Kreuz ‚nein' sagt, obwohl ich mein ‚Ja', das ich im letzten Erholungskreis für den Kreuzes- und Sterbensweg gab, nicht zurückgenommen habe. Ich will dem Herrn nun gehorsam sein und den von seinem Geist mir gezeigten Weg gern und ganz gehen. Schon oft habe ich neu anfangen wollen, aber der Umstand, daß unvergebene Sünde dalag, machte mich mutlos und müde."

Schwester Anna nahm diesen Brief zum Anlaß, um folgende Frage an alle ihre Schwestern weiterzugeben: „Ist es vielleicht bei Dir auch so ähnlich, liebe Schwester, daß Du durch Zurückhalten Deiner Schuld den Geist Gottes dämpfst? Und dann klagst Du die andern an und wirst bitter über sie, weil es Dir innerlich nicht gutgeht. Wir wissen doch, daß Gott es dem Aufrichtigen gelingen läßt."

Schwester Annas besondere Freude war es, die ihr von Gott anvertrauten Schwestern in klaren, geistlich gesunden Linien leben, wachsen und dienen zu sehen.

Die biblische Linie der Heiligung praktizierte Schwester Anna in ihrem eigenen Leben. Gern zitierte sie den Vers:

„Ich hab mich entschlossen,
zu folgen, zu wagen,
Herr, alles für dich.
Wenn andere das Schwert niederlegen,
mein Gott, du kannst rechnen auf mich."

Freude sprach aus ihren Briefen, wenn sie merkte, ihren Schwestern ging es wie ihr selbst um ein geheiligtes Leben: „Ach, daß doch die Gnade Gottes bei jeder einzelnen Schwester das wirken könnte, was ich eben in einem Brief las: ‚Unsere Schwester X. ist seit dem Erholungskreis eine ganz andere! Daß man das von mir doch auch sagen könnte! In unserer Schwesterngemeinschaft ist es jetzt richtig schön. Ich möchte auch eine werden, die den Menschen das Leben erleichtert. Das war bei mir leider nicht immer der Fall.' – Wie gut, wenn wir durch unseren Wandel andere mitreißen und in ihnen das Verlangen wecken, Jesus ähnlicher zu werden!" –

Ein Brief veranlaßt Schwester Anna zu folgender Ermahnung: „Der Feind wartet darauf, uns den Blick zu verdunkeln, besonders nach einem Erholungskreis. Darum ist es richtig, wenn eine Schwester bekennt: ‚In einer Andacht kamen wir auf die Briefe an die Hauseltern zu sprechen. Da sagte Schwester X., sie wisse nicht, was sie schreiben solle. Sie möchte nur schreiben, was Freude mache, aber der Alltag sähe doch oft anders aus. – So dachte ich früher auch. Wenn ich aber ganz ehrlich bin, wollte ich mit meinen Briefen bei den Hauseltern nur schön dastehen.' – Schwestern, wie oft war das schon der Anfang einer ganzen Kette von Unaufrichtigkeiten, wenn man besser scheinen wollte, als man in Wirklichkeit ist!"

„Ja, liebe Schwester", antwortet Schwester Anna in einem ihrer Briefe, „das ist wahr, daß eine geistgewirkte Gemeinschaft von Gläubigen vor Sünde und Fall bewahren kann. Darum hat es der Feind mit seinem Störmanöver auch auf unsere Schwesterngemeinschaft besonders abgesehen. Er weiß genau, wenn ihm da ein Einbruch gelingt, daß er dann bald gewonnenes Spiel hat. Gerade das gemeinsame Dienen und das Einssein in Christus macht stark. Es gilt, die Zeit auszukaufen! Darum sollte nie etwas Störendes geduldet werden; es muß bereinigt sein, bevor die Sonne untergeht." –

Ein weiteres seelsorgerliches Wort: „Wir haben in den Morgenandachten Jethro, Moses Schwiegervater, kennengelernt. Mit seltenem Weitblick und einem Herzen voll brennender Liebe und Hilfsbereitschaft stand er Mose zur Seite. Er kritisierte nicht die Mängel und Fehler, sondern erteilte väterlich und liebevoll praktische Ratschläge. – Was siehst Du, wenn Du zu Deiner Schwester kommst? Kannst Du gleichgültig zusehen, wie sie sich abmüht, zerarbeitet und sich nicht durchfindet, weil ihr eben noch die Erfahrung fehlt, richtig einzuteilen und eine Sache gut anzupacken? Oder siehst Du gar mit kritischen Augen oder mit einem gewissen Gefühl der Selbstüberhebung und Selbstüberschätzung auf sie herab? Wieviel Segen könntest Du stiften, wenn Du mit ‚Jethro-Augen' Deiner Schwester begegnen würdest! Wo sind unter uns diese tüchtigen, gottesfürchtigen Schwestern der Wahrheit, die zuerst einmal sich selbst gegenüber ganz, ganz wahr geworden sind und sich, gleich jenen Männern, die Mose zur Seite standen, mit unter die Lasten stellen und helfen und tragen?"

Schwester Anna hatte immer die Sache Gottes im Auge. Die Schwestern sollten durch Seelsorge an der eigenen Seele und Aufrichtigkeit in der Schwesterngemeinschaft frei werden für den Dienst und offene Augen bekommen für ihre Umgebung. Sie selbst hatte sie.

Eine Schwester erinnert sich, wie sie als junges Mädchen bei einer Konferenz durch Schwester Annas liebevollen Zugriff die wichtigste Entscheidung ihres Lebens traf. Sie erzählt: „In der Evangelisationsstunde fiel es mir wie Schuppen von den Augen. Ich erkannte mein heilandsloses Leben und wollte gern Frieden finden. Aber den Aufruf, wer eine Entscheidung für Jesus treffen wolle, möge zurückbleiben, nahm ich nicht an. Ich verließ den Saal. Da legte sich plötzlich eine Hand auf meine Schulter. Schwester Anna fragte: ‚Hast du dein Herz auch schon dem Heiland geschenkt?' Ich verneinte. ‚Willst du es nicht heute tun?' fragte sie zurück. ‚Komm, wir wollen zusammen beten.' – Da erlebte ich meine geistliche Geburtsstunde. Es war die Gottesstunde für mich, die Schwester Anna richtig erkannt hatte. Ich bin ihr von Herzen dafür dankbar."

Gern gab sie mutmachende Beispiele aus Briefen weiter: „Wir sollten jede Gelegenheit, die der Herr uns gibt, ausnützen, um Menschen zu helfen. So haben wir uns z. B. sehr über eine Schwester gefreut, die sich auf eine besondere Art – nämlich durch Säuglingspflege – offene Türen in einem fremden Ort verschaffte. Bei einem Besuch in einer Familie traf sie die Mutter sehr müde und abgespannt an. Seit der Geburt schreie der 16 Wochen alte Säugling Nacht für Nacht, klagten die Eltern, so daß sie keine Ruhe fänden. Die Schwester nahm den kleinen Schreihals mit, damit die Eltern erst einmal für ein paar Nächte Ruhe hätten. Und das Wunder geschah: schon nach ein paar Tagen schlief das Kleine friedlich und machte keine Not mehr. Der Vater drückte aus Dankbarkeit der Schwester einen Hundertmarkschein in die Hand.

Über die Kinder taten sich der Schwester noch andere Häuser auf. – Der Herr schenke uns immer mehr geöffnete Augen, um ihm in Liebe und Demut zu dienen."

Auf die Siegesmeldungen von draußen folgt eine ernste persönliche Frage von Schwester Anna: „Und Du, meine liebe Schwester, bringst Du es noch fertig, wo Gottes Geist ein neues Aufwachen schenkt, an Dich zu denken und zu schlafen? Ganz gleich in welcher Arbeit Du stehst, ob im Krankenhaus oder bei Kindern – Gott hätte so gern, daß Dein Leben fruchtbar wird und Ströme lebendigen Wassers daraus fließen! Könnte er doch noch mehr Raum in unser aller Leben gewinnen!"

Wenig später ein ähnlich ernster Ton: „Gott schenkt so wunderbar offene Türen, und es tut einem das Herz weh, daß nicht genügend Kräfte da sind, die hindurchgehen und für Gott wirken. Wie können manche innerlich gleichgültig, ganz aufs Vergängliche ausgerichtet, dahinleben! Wo andere Herrlichkeiten erfahren, arbeiten und rackern sie sich ab und werden nach Jes. 55, 2 doch nicht satt: ‚Warum zählet ihr Geld dar, da kein Brot ist, und tut Arbeit, wovon ihr nicht satt werden könnt? Höret doch mir zu!' In diesem Zusammenhang bewegt mich ein Ausspruch des Gottesmannes Steinberger: ‚Meine Lust soll sein auf Erden, deinen Willen zu tun. Mein Schmuck soll sein deine Demut und Armut. Mein Lebensziel soll sein, dir und dem Lamme ähnlich zu werden. Meine Hoffnung soll sein deine Wiederkunft.'"

Ein anderes Mal heißt die liebevolle Ermahnung, die zur Selbstprüfung führen soll: „Könnte Gott uns immer näher an sein Herz bringen und unsere

Augen öffnen für seine Wege und Aufträge! Wie groß ist doch der Wert einer Menschenseele, wie klein dagegen alles Persönliche! Könnte Gott aus uns allen noch viel geschicktere und demütigere Menschenfischer machen!"

IX. MUTTER IHRER SCHWESTERN

– Für alle da – Unermüdlich im Schenken, Helfen, Trösten, Ermahnen –

Eine unserer ersteingetretenen Diakonissen erzählte von ihren Erlebnissen mit Schwester Anna folgendes: „Als ich 1909 am Samstag vor der August-Konferenz den Berg zur ‚Hensoltshöhe' hinaufstieg, kam mir Schwester Anna in der blauen Arbeitsschürze aus dem Garten entgegen und begrüßte mich. Ihr Gruß hatte mir schon das Herz abgewonnen: ‚Gott segne deinen Eingang bei uns, mein Kind!' Das klang so mütterlich."

Sie hatte ein weites, fröhliches Herz, das immer bereit war zu geben. – Über Schwester Anna schrieb die frühvollendete Chinamissionarin Schwester Margarete Hager in einem Brief an ihre leibliche Mutter. Er stammt aus der Zeit, bevor sie nach China ging: „Seit Sonntag bin ich hier zur Privatpflege. Ich hatte kein Geld mehr, als ich abreiste. Da bin ich einfach zu unserer ‚Mutter', Schwester Anna, gegangen und hab es ihr gesagt. Und denk Dir, Mutter, es war genauso, als wenn ich mit Dir gesprochen hätte. Sie fragte mich, ob 10 Mark reichen würden, und dann hat sie mir's gegeben. Weißt Du, wir dürfen und sollen wie Kinder sein. Das ist so schön." –

Während Schwester Anna einmal in Berchtesgaden im „Georgihäusl" zur Erholung weilte, war dort in einem Hotel zur Privatpflege eines Rittmeister-Ehepaares eine junge Schwester eingesetzt. In diese Zeit fiel ihr Geburtstag. Da diese junge Schwester niemals zu einer Freistunde abkommen konnte, rief an diesem Tag Schwester Anna in aller Morgenfrühe an, las ihr die Geburtstagslosung vor und sagte: „Ich möchte dich aber gern heute sehen. Schau, daß du abkommen kannst." Ein Treffpunkt auf einer Bank im Freien wurde ausgemacht. Und als die Schwester sich dort einfand, sah sie von weitem Schwester Anna auf der Landstraße daherradeln mit einer Tasche voll Geburtstagsfreuden am Lenkrad. Ein frohes Wiedersehen, ein seelsorgerliches Geburtstagsgespräch, Gebetsgemeinschaft – und die junge Schwester zog wieder fröhlich ihre Straße, während Schwester Anna nach der entgegengesetzten Seite heimwärts radelte. –

Eine Krankenhausschwester wurde in die Gemeinschaftsarbeit versetzt. Das bedeutete für sie eine gewaltige Umstellung. Dazu kam noch das bange Gefühl, den vielen neuen Aufgaben nicht gewachsen zu sein. Mutlos und ängstlich erlebte sie den ersten Tag auf der neuen Station. Da ging die Küchentür auf, und Schwester Anna kam herein mit der Frage: „Na, wie geht es dir denn?" Wie wohl tat es da, von der eigenen Hilflosigkeit sagen zu können. In großer Mütterlichkeit hörte Schwester Anna zu und gab den schlichten, praktischen Rat: „Der Herr verlangt nicht mehr, als im Glauben eins nach dem andern zu tun." –

Viele Schwestern bezeugen, daß sie für neue Situationen, für größere Aufgaben und ungewohnte

Aufträge den kurzen, aber oft wegweisenden Satz mitbekamen: „Laß dir Gnade schenken!“ –

Schwester Anna vertraute ihrem Gott. Sie setzte aber auch großes Vertrauen in ihre Schwestern, mutete ihnen viel zu und gab damit mancher Schwester die Möglichkeit, mit ihrem Gott große Glaubenserfahrungen zu machen.

In den ersten Mutterhausjahren und -jahrzehnten mußten sehr oft jüngere Schwestern verantwortliche Plätze übernehmen. Manches Mal hörte Schwester Anna dann Bedenken:. „Ist sie nicht dafür viel zu jung?“ Mit einem erstaunlichen Vertrauen konnte sie antworten: „Das wird mit jedem Tag besser.“ In diesen Entscheidungen ging sie von folgender Erkenntnis aus: Gott kann ein an ihn hingegebenes Leben zum Dienst bevollmächtigen, und wenn es noch so jung ist.

Im Mutterhaus ging für eine Schwester die schmerzliche Nachricht vom Tod ihres fünfjährigen Neffen ein. Mit zarten, mitfühlenden Worten überbrachte Schwester Anna der Schwester diese Schrekkensbotschaft. Leid und Schmerz anderer konnten ihr so zu Herzen gehen, daß sie mit den Betroffenen weinte. Dann aber fand sie den guten, mütterlichen Trost, der aufrichtete und stark machte.

Als in den letzten schweren Monaten des Zweiten Weltkrieges Schwestern ins Mutterhaus kamen und von Bombenschäden, Verlusten und anderen schweren Erlebnissen erzählten, die oft auch liebe Angehörige betrafen, hatte Schwester Anna bei der Vielfalt ihrer Aufgaben immer Zeit. Man konnte bei ihr das Herz ausschütten und Lasten loswerden.

Eine Schwester berichtet: „Eines frühen Morgens weckte man uns Schwestern, die wir in Frankfurt zur Ausbildung waren, mit der Nachricht: ‚Schnell, aufstehen! Schwester Anna kommt in einer halben

Stunde mit dem Zug an und will die Wartezeit mit euch verbringen!' Das war eine frohe Nachricht für uns Studentinnen! Wir vergaßen darüber, daß wir heute mal ausschlafen wollten.

In aller Eile machten wir uns fertig und sausten zum Bahnhof. Da stand sie schon, unsere liebe Hausmutter! Ihre erste Frage war: ,Habt ihr denn schon gefrühstückt?' Noch immer außer Atem und lachend sagten wir, daß es dazu nicht gereicht hätte. Darauf lud sie uns ein, mit ihr im Bahnhofsrestaurant Kaffee zu trinken. Das war ein froher, mutmachender Morgen!"

„Wird's reichen?"

Sie machte so gern Freude, schenkte, wenn sie etwas hatte, brachte etwas mit, von dem sie in ihrer mütterlichen Liebe wußte, daß die Schwestern sich darüber freuten. In „mageren" Zeiten waren das oft ganz kleine, unscheinbare Dinge, die dadurch, daß man sie nicht häufig bekam, zu Kostbarkeiten wurden. So geschah es, daß Schwester Anna, von einer

Reise zurückgekehrt, in einem Büro erschien und etwas auf den Schreibtisch legte mit den Worten: „Das habe ich dir mitgebracht. Du magst das doch gern!“ – Was kam zum Vorschein? Eine Wurst!

In der Mutterhausküche gab es in den Anfangsjahren manches Mal Engpässe. Kam Schwester Anna gerade dazu und merkte, daß die Schwestern nicht mehr recht durchsahen, daß Berge von Geschirr sich türmten, daß Gemüse schnell vorbereitet werden mußte, holte sie ohne viele Worte ihre Arbeitsschürze, stülpte die Ärmel hoch und packte fröhlich mit zu.

Manchmal schlug sie auch ernste Töne an. Sie waren aber immer diktiert von der Fürsorge für ihre Schwestern, deren leibliches Wohl ihr genauso wie das geistliche am Herzen lag.

So schreibt sie: „Etwas bewegt mich doch sehr. Es fällt jetzt direkt auf, daß ein ganzer Teil Schwestern so spät schlafen geht, oft erst 12 Uhr nachts, ja noch später. Das ist doch erschreckend! Dazu sind es auch noch Schwestern, die körperlich zart sind. Bitte, prüfe Dich doch, meine liebe Schwester, ob es wirklich notwendig war, daß Du bis nach Mitternacht aufgeblieben bist! Hattest Du Dir Deine Zeit richtig eingeteilt? Manchmal sagten mir schon Schwestern, es sei ganz eigenartig, welcher Segen auf dem Bibellesen und Beten liege. Nähme man sich morgens dafür Zeit, könne man das Tagwerk gut bewältigen. Nähme man sich aber keine Zeit dafür, gäbe es am Abend überhaupt kein Fertigwerden. Ist das vielleicht auch Deine Not, daß Du, anstatt Deinem Gott gehorsam zu sein, innerlich stille zu werden und seinen Segen zu erflehen, ins Rennen und Laufen oder Bummeln gekommen bist, und daß nachher kein Fertigwerden war? Wenn Du nicht genügend Ruhe hast, ist es auch selbstverständlich, daß Dein Appetit nachläßt, überhaupt Dein ganzer Körper geschwächt ist. Wenn man nicht mehr für seinen Körper sorgt und ihm nicht das gibt, was er haben muß, ist einem auch nicht mehr viel am Dienst gelegen. Man erkennt nicht mehr die Verantwortung als Haushalter Gottes. Und jede Schwester sollte doch darauf aus sein, recht lange für den Dienst ihres Gottes erhalten zu bleiben; denn je älter man ist, um so reicher ist man an Erfahrung, um so besser kann man dem Herrn dienen." –

Was hatte doch Schwester Anna für ein feines Empfinden dafür, wie untrennbar Leib und Seele, das Irdische und das Geistliche zusammengehören. Äußere Dinge waren für sie nicht belanglos, sondern sie gehörten in die praktizierte „Treue im Kleinen": „Neulich haben wir uns sehr geschämt. Da schickte eine Schwester ein Paar Schuhe zum Besohlen ins Mutterhaus, die total abgelaufen waren. Schwestern, laßt es doch nicht soweit kommen! Denn das ist keine Sparsamkeit mehr. Im Gegenteil! Es ist doch mit allem so: Je kleiner der Riß, um so leichter ist es, ihn wieder in Ordnung zu bringen, nicht nur bei den Schuhen, sondern auch bei Wäsche und Kleidern. Man hat ja sonst nur mehr Ausgaben." –

Man muß sich fragen: Wie brachte es Schwester Anna nur fertig, bei all den großen Aufgaben, den vielen Reisen, den wachsenden finanziellen Belastungen, der stets größer werdenden Schwesternschaft, ihren Schwestern in dieser Art Mutter zu sein und zu bleiben?

Selbstlose Hingabe war für sie nicht nur eine Vokabel, sie lebte sie. Sie dachte nicht an sich, sondern trachtete am ersten nach dem Reich Gottes und seiner Gerechtigkeit. Frei von Selbstmitleid handelte sie nach dem Vers, den sie liebte und oft anführte:

„Um mich hab ich mich ausgekümmert
und alle Last auf ihn gelegt.
Würd' Erd' und Himmel auch zertrümmert,
so weiß ich doch, daß er mich trägt."

Das war ihr Glaube. Das war ihr Geheimnis.

X. AUS DER ENGE IN DIE WEITE

– Über die Grenzen hinaus – Mission – Das Mutterhaus wird zu klein – Bauen in schwerer Zeit –

Der wirtschaftliche Niedergang in den Jahren nach dem Ersten Weltkrieg, die Inflation und Arbeitslosigkeit in unserem Volk zwangen deutsche junge Mädchen, Arbeit und Verdienst im Ausland zu suchen. Für viele war Holland das Ziel. Dort bildeten sich Kreise gläubiger junger Mädchen, die einer geistlichen Führung und Heimat bedurften. Dies erkannte Schwester Johanna Bock, die vom Mutterhaus aus zur Erholung nach Holland geschickt worden war. Durch sie und ihren anfänglichen Reisedienst entstanden EC-Gruppen. Im Lauf der Jahre kamen weitere Jugendschwestern – bis zu 40 – nach Holland. Es ergab sich eine wunderbare Möglichkeit für Evangelisation und Verkündigungsdienst.
Schwester Anna besuchte ihre Schwestern auch dort. „Am Mittwochabend fuhr ich nach Amsterdam, um unsere Schwestern in Holland wieder einmal zu besuchen", schreibt sie. „Die Amsterdamer Arbeit unter Deutschen hat sich gut entwickelt und zählt jetzt 150 Mitglieder. Am nächsten Tag begleitete

mich Schwester Johanna auf die anderen Stationen. Zunächst überraschten wir Schwester Marie Pfister in Bussum. Auch dort ist eine sehr schöne Arbeit entstanden, vor allem unter deutschen Mädchen, die in holländischen Häusern arbeiten. Dann ging's weiter nach Hilversum, Rotterdam und Den Haag."

Von Holland kam manch positives Echo, das Schwester Anna weitergab: „Eine holländische Dame, die schon längere Zeit krank ist und in verschiedenen Krankenhäusern gepflegt wurde, jetzt aber bei unseren Schwestern weilt, wurde von einer Besucherin gefragt, ob das stimme, daß die Schwestern so übertrieben fromm seien. Die Antwort lautete: ‚Nein, das kann ich nicht sagen. Übertrieben fromm sind sie nicht, aber sie sind anders als andere Leute. Sie haben etwas, was ich nicht habe. Wenn z. B. die Oberschwester von A. kommt, merkt man gar keinen Unterschied. Sie packt genauso im Hause an wie die andern, trägt genauso die Bettstellen, steht genauso am Spültisch. Übertrieben fromm sind sie nicht, aber sie haben etwas anderes.' – Diese Dame war bettlägerig. Als eines Tages die Schwester ins Zimmer kam, um ihr die Andacht zu halten, sagte sie: ‚Ich kann nicht mehr schlafen, das Wort Gottes macht mich so unruhig.' Der Schwester tat das leid, und sie fragte: ‚Soll ich Ihnen vorerst keine Andachten mehr halten?' Davon wollte die Dame aber nichts wissen, sondern wünschte, das Wort Gottes weiter zu hören. Eines Morgens sagte sie strahlend: ‚Schwester, diese Nacht habe ich es erfaßt, ich habe den Heiland gefunden!' Ist das nicht kostbar? Was kann eine Schwester doch ausrichten, wenn sie vor Gott steht! Aber Wandel und Zeugnis müssen übereinstimmen, wenn an den Seelen etwas geschehen soll."

„Kürzlich kamen wir zum Schwesterntag zusammen. Ein Holländer muß uns sehr genau beobachtet haben. Plötzlich sprach er uns in seinem gebrochenen Deutsch an und sagte: ‚Dreißig Schwestern – eine Liebe!' – Ist das wirklich immer so? Und wenn nur zwei oder drei zusammen sind, was sehen da die Leute? Es ist tief beschämend, wenn wir oft viel höher eingeschätzt werden, als wir in Wirklichkeit sind. Könnte Gott doch mächtig in unsere Reihen hineinwirken und all das liebeleere Wesen uns zur Sünde werden lassen!"

Nicht nur nach Holland wurden Schwestern der „Hensoltshöhe" entsandt. Auch in der Schweiz und in England tat Gott Türen auf. Für London wurde von einer deutschen Kirchengemeinde eine Diakonisse erbeten. Daraus entwickelte sich eine Arbeit an deutschen jungen Mädchen, die in jenen Jahren nach England ausgewandert waren. Bis zum heutigen Tag dienen Schwestern in London in einem Gästeheim, das Durchreisenden und Studierenden aller Nationen offensteht.

Aus Agra im Tessin/Schweiz kam ein dringender Ruf nach Diakonissen zur Pflege der deutschen Patienten, die im dortigen Sanatorium Heilung suchten. Diesem Haus war ein Kinderheim angeschlossen. Später wurde auch das Sanatorium Wolfgang-Davos besetzt.

In Kärnten/Österreich brauchte man Schwestern in der Kinder- und Altenpflege, im Blättermissions- und Verkündigungsdienst.

In Verbindung mit dem Gesamtwerk gingen auch Schwestern der „Hensoltshöhe" nach den USA. Der Herr schenkte dort manche Möglichkeiten missionarischer Diakonie, vor allem durch den Blättermissionsdienst.

Die Ausbreitung der Mutterhausarbeit bis ins Ausland wurde von den Hauseltern, Pfarrer Keupp und Schwester Anna, nie bewußt gesucht. Sie hatten bei all ihren Entscheidungen nur das eine Anliegen: unter allen Umständen dem Willen Gottes gehorsam zu sein und dem Herrn zu folgen, wo er Türen auftut.

Schwester Anna hatte eine besondere Liebe für die Mission. Wie freute sie sich, 1925 die erste Diakonisse von der „Hensoltshöhe" nach China senden zu können. Darüber berichtet sie: „Das einschneidendste Ereignis für unser Mutterhaus war die Aussendung unserer ersten Missionarin, Schwester Margarete Hager, nach China. Die Aussendungsfeier wurde für uns alle eine heilige Stunde." – Ein Schwesternchor sang damals das Lied: „Ich hab im Geiste Gottes Thron geseh'n." Es ist für alle, die dabei waren, unvergeßlich, als Schwester Margarete mit ihrer vollen, klaren Stimme nach jedem Vers die Antwort sang:

„Hier bin ich, Herr, ja sende, sende mich!
Durch Blut erkauft, bin ich nur da für dich.
Dein Dienst ist meine Freude ewiglich,
o sende mich, ja mich!"

Aber schon ein Jahr später kam die schmerzliche Nachricht, daß die junge, hoffnungsvolle Missionarin einer schweren Tropenkrankheit draußen erlegen war und die sterbliche Hülle in fremder Erde ihre Ruhestatt finden mußte. Welch ein Leid bedeutete das für Schwester Anna und das ganze Mutterhaus!

Rückblickend auf die Gedächtnisfeier anläßlich des Heimganges von Schwester Margarete Hager schreibt Schwester Anna: „Wir stehen bewegt vor Gott. In vielen Herzen ist das Verlangen wach geworden, die Lücke auszufüllen. Könnte Gott es doch verwirklichen! In dem gleichen Saal, in dem wir vor einem Jahr im Schwesternkreis die Abschiedsfeier hatten, fand am Sonntag die Gedächtnisfeier statt. Die Worte unseres Hausvaters, Herrn Pfarrer Keupp, aus Phil. 1, 20 und 21 trösteten uns alle: ‚Daß Christus hochgepriesen werde an meinem Leibe, es sei durch Leben oder durch Tod!'

Wie stark und gefaßt war die liebe alte Mutter von Schwester Margarete, als wir ihr die schmerzliche Nachricht übermittelten! Eine Schwester begleitete sie zur Gedächtnisfeier ins Mutterhaus. Ihre ersten Worte bei der Begrüßung waren: ‚Wir wollen's zusammen tragen!'"

Es war Schwester Anna eine große Freude, daß die Lücke, die der Tod in die Reihen der Missionsgeschwister gerissen hatte, durch die Aussendung von Schwester Mina Ziegler geschlossen werden konnte. Davon berichtet Schwester Anna am 11. September 1928: „Gestern war der für uns alle sehr bewegende Tag, an dem wir mit noch 1800 Geschwistern den Abschied von unserer lieben Schwester Mina Ziegler feierten. Wir freuten uns sehr, daß wir auch Schwester Berta Preisinger mit den anderen drei nach China neuausreisenden Schwestern in unserer Mitte haben durften. Alle legten mit großer innerer Freudigkeit Zeugnis ab von den wunderbaren Führungen Gottes in ihrem Leben. Nachher offenbarte uns eine Mutter tief bewegt und unter Tränen, sie habe drei Töchter, und sie sei bereit, alle drei für China ‚zu opfern'. Eine andere Mutter bedauerte es schmerzlich, daß ihre Tochter wegen körperlicher Zartheit nicht aufs Missionsfeld ziehen dürfe; doch wolle sie dafür ihren Sohn Gott weihen."

Fünf Chinamissionarinnen (von links nach rechts): Frieda Wehle, Adele Schweflinghaus, Berta Preisinger, Mina Ziegler, Charlotte Groß

Einen weiteren Missionsauftrag erkannten die Hauseltern in der Aussendung von Schwestern in die Marburger Brasilien-Mission. –

In Schwester Annas Rundbriefen aus den Jahren 1931 und 1932 ist viel vom Bauen die Rede. Das Mutterhaus war zu klein geworden. Die Räume reichten nicht mehr aus. Beim 20. Jahresfest 1929 war die Schwesternzahl auf 750 angestiegen. Es war ein Glaubenswagnis, mitten in der Zeit des politischen und wirtschaftlichen Niederganges einen Erweiterungsbau zu beginnen. Aber die Hauseltern und ihre Schwestern hatten einen mutigen Glauben. Viele treue Freunde und Beter des Mutterhauses – es waren meist Leute mit geringem Besitz und Einkommen – sahen den Bau als Gottes und zugleich als ihre Sache an und halfen, wo und wie sie konnten.

Mit großer Opferbereitschaft und Glaubensfreudigkeit stellten sich auch die Schwestern mehr denn je hinter ihre Hauseltern. Wie in einer großen Familie wurden die Summen der anfallenden Bau- und Wirtschaftsrechnungen meist am Montagmorgen von Schwester Anna bekanntgegeben. Gezielt wurde dafür gebetet, auf den Knien gerungen, daß Gott die nötigen Geldmittel schenken wolle, um den Verpflichtungen termingemäß nachkommen zu können. Es wurde aber auch äußerste Sparsamkeit geübt bis in die kleinsten persönlichen Dinge hinein. Fröhlich wurde in Kauf genommen, wenn der einfache Frühstücks- oder Mittagstisch noch einfacher wurde. Die 10 Pfennig, die eine Schwester für eine Bahnsteigkarte ausgegeben hatte, um der Hausmutter den Koffer an den Zug zu tragen, brachten ihr eine ernste Ermahnung ein: der Koffer hätte doch ebensogut über das Bahnsteiggeländer hinübergereicht werden können, da der Zug ja auf dem ersten Gleis einfuhr! – Alles nicht unbedingt Lebensnotwendige mußte zurückgestellt werden. Als Antwort darauf sparte der Herr nicht mit Gebetserhörungen und Glaubenserfahrungen.

Voller Freude erzählte dic Kassenschwester eines Tages nach der Morgenandacht, daß sie geträumt hätte, es seien 2000 Mark auf dem Postscheckkonto eingegangen. Wie groß war die Enttäuschung, als sich beim Öffnen des Postscheckbriefes zeigte, daß dieser Traum nicht in Erfüllung gegangen war! Als die

Schwester aber bald danach anfing, am Schreibtisch zu arbeiten, entdeckte sie einen ganz unscheinbaren zerknitterten Umschlag mit der Aufschrift „Für den Bau“. Und was lag darin? 20 Hundertmarkscheine! – also 2000 Mark! Welch eine unvergeßliche Glaubensstärkung!

Folgende Briefauszüge geben einen Einblick in weitere Erlebnisse während dieser Bauzeit: „In der vergangenen Woche konnte an unserem Neubau mit dem Aufführen der Eisenkonstruktion begonnen werden. Es ist eine schwere, mühevolle Arbeit, bis die riesigen Eisenträger an Ort und Stelle sind. Wir beten um Bewahrung. Immer wieder und besonders auch in den Tagen der Pfingstkonferenz durften wir erkennen, wie unsere Geschwister hin und her im Land unsere Bausache mittragen und dafür einstehen.

Die riesigen Eisenträger werden am Neubau hochgezogen

Ein Erlebnis aus den letzten Tagen hat uns recht bewegt. Zu einem uns zugesandten Geldschein schreibt eine Schwester: ‚Heute morgen kam eine unserer ärmsten Frauen der Gemeinschaft und drückte mir den beiliegenden ‚Baustein' in die Hand. Sie las im ‚Hensoltshöher Blatt' von unserem Bau und fühlte sich daraufhin gedrungen, diese Gabe dafür zu geben. Mich beschämte die Opferwilligkeit dieser Frau, die Tag für Tag in den Wald fährt, um sich das Holz für den Winter zusammenzuholen, weil sie keines kaufen kann. Sie lebt von einer ganz geringen Unterstützung. Auf solch einer Gabe muß Gottes Segen besonders ruhen!'"

„Mit unserem Bau stehen wir weiter vor Gott und harren auf seine Hilfe. Wir hoffen, daß das Haus nun bald unter Dach kommt. Das wird noch ungefähr zwei bis drei Wochen dauern. An die großen Firmen konnten wir die im Juli fälligen Summen nicht überweisen. Doch war es uns möglich, die Rechnungen unseres Baumeisters sowie der kleineren Geschäftsleute zu bezahlen. Helft uns bitte weiter beten und glauben!" –

Aus dem Weihnachtsrundbrief des Jahres 1931: „Dank und Anbetung durchzog gestern abend unsere Herzen. In dieser so traurigen Zeit, wo eine staatliche Notverordnung nach der anderen ergeht, hat unser großer Gott es uns geschenkt, in unserem neuen Eßsaal, der sich zwar noch im Rohbau befindet, unsere Weihnachtsfeier zu halten. 300 Plätze waren gerichtet. Ein weiter Raum! Welch eine Wohltat für uns Schwestern! Wie klein kommt uns da unser alter Eßsaal vor! Es erscheint uns fast undenkbar, daß wir so lange in dieser Enge durchgekommen sind."

Die Schwestern berichten, daß sie damals bei den Mahlzeiten aus Raumnot ganz dicht nebeneinander sitzen mußten, um Platz zu finden. Kein Wunder, wenn eine Fläche von 100 qm für 80 bis 100 Schwestern ausreichen mußte. Nun war die Weite geschenkt.

Der neue Eßsaal im Rohbau

Hören wir eine weitere Erfahrung: „Die Tage vor dem Fest brachten viele Verpflichtungen mit sich. Alle unsere Geschäftsleute baten um ihr Geld. Gott sei Dank, wir konnten zahlen. Obwohl wir mit unserer ständig wachsenden Mutterhausfamilie und der großen Baulast durch viele finanzielle Engen gehen mußten, können wir nur mit tiefer Beugung sagen: ‚Wir haben nie Mangel gehabt, nie, keinen!'

In der vergangenen Woche bekamen wir ganz unerwartet 2000 Mark als Darlehen zu einem niedrigen Zinsfuß. Das hat uns tief bewegt. Die Geberin kommt ab und zu in unsere Stunden. Sie traf auf der Straße eine Schwester und bat sie, in ihre Wohnung mitzukommen, da sie ihr etwas geben möchte.

Die Schwester traute ihren Augen kaum, als diese einfache Frau ihr 1000 Mark in die Hand drückte. Lange, lange hatte sie daran gespart, und nun freute sie sich, damit dem Reich Gottes einen Dienst tun zu können. Sie erzählte, daß ihr Mann auch 1000 Mark hätte, die er aber nicht hergeben werde. In dem Augenblick kam der Mann nach Hause und sah zur Tür herein. Seine Frau rief ihm zu: ‚Gib doch auch dein Geld der Schwester!' Davon wollte er aber nichts wissen, sondern sagte: ‚Nein! Nein! Lieber vertrink' ich meine 1000 Mark, dann hab' ich wenigstens etwas davon!' Daraufhin machte er die Tür zu. Aber bald erschien er wieder und legte die 1000 Mark auf den Tisch. Die Schwester wußte nicht, wie ihr geschah. Als er dann ihre Freude sah, war er glücklich wie ein Kind. Er hatte erlebt: ‚Die Freude, die wir geben, kehrt ins eigene Herz zurück.' Dies Erlebnis stärkte unseren Glauben. Wir haben wieder erfahren: ‚Weg hat er allerwegen, an Mitteln fehlt's ihm nicht!' Wir wollen weiter unseren Gott erleben, gerade in der Enge, in der wir uns augenblicklich befinden." –

Wie treu Schwester Anna aber auch mit der kleinsten Gabe umging und sie werthielt, macht ein Beispiel deutlich: Sie kam von einer Reise zurück und zeigte bewegt ein Geldstück. Es waren 50 Pfennig. Ein Kind hatte das Geld für den Kirchweihbesuch bekommen und wollte es nun als Opfergabe für unser Mutterhaus geben.

In einem Rundbrief jener Zeit berichtet Schwester Anna: „Beim letzten Jahresfest erzählte ich unter anderem auch von einem Arbeitslosen, der etwas für unseren Bau tun wollte. Da er nichts anderes hatte, gab er den Erlös von zwei verkauften Stallhasen. Und denkt Euch, im Anschluß ans Jahresfest drückte mir ein Mann 5 Mark in die Hand mit den Worten: ‚Ich bin der Arbeitslose!' Könnt Ihr Euch denken, wie mich das bewegte?"

Am 26. 5. 1932 war es endlich soweit. Der Erweiterungsbau konnte mit Loben und Danken eingeweiht werden.

Von links nach rechts: Erholungsheim, Bethelsaal, Mutterhaus mit Erweiterungsbau

Man sagt von Schwester Anna, sie sei ein Baugenie gewesen. Das stimmte in der Tat. Mit seltenem Glaubensmut packte sie gemeinsam mit dem Hausvater große Aufgaben an: in der Zeit nach der Inflation wurden „Eben-Ezer" und Haus „Silo" erworben und die „Zionshalle" erbaut. Und was wagte sie zu Anfang der dreißiger Jahre mit dem oben erwähnten großen Neubau für die ständig wachsende Schwesternschaft! Lichte, durch Trennwände verbundene Säle mit großen Fenstern, ausreichende Wohn- und Unterrichtsräume für die Schwestern, eine großzügige Küche, in der man für 500 und mehr Menschen kochen konnte, entstanden.

Um ihren Schwestern die nötige körperliche Entspannung zu bieten, dachte die Hausmutter sogar an ein Schwimmbad. Schon wenige Jahre später erfolgte dazu der erste Spatenstich auf mutterhauseigenem Gelände in der Nähe des „Sonnenhofes".

Nicht nur beim Bau einer Heimat für die immer größer werdende Schwesternschaft bewies Schwester Anna seltenen Weitblick für die Zukunft. Sie erkannte, daß zum Auf- und Ausbau der Arbeiten und zum Fortbestand des Werkes vor allem tüchtige und fähige Diakonissen gebraucht werden. Diese sollten das notwendige Rüstzeug für ihren verantwortungsvollen Dienst durch solides fachliches Wissen vor allem in Kranken-, Kinder- und Säuglingspflege bekommen. Darüber hinaus ließ Schwester Anna Schwestern als Diät-Assistentinnen, Zahnärztinnen und Bademeisterinnen ausbilden. Ferner wurden Seminare errichtet, in denen Diakonissen ihre Spezialausbildung als Kindergärtnerinnen, Hauswirtschafts- und Handarbeitslehrerinnen erhielten, um den Dienst an Kindern und jungen Menschen und die Arbeit in der Schule weiter ausbauen zu können.

Mußte sich Schwester Anna während der Bauperiode auch viel mit äußeren Dingen und wirtschaftlichen Aufgaben beschäftigen, vergaß sie darüber nie ihr dringlichstes Anliegen: daß doch ja das innere Wachstum der Schwestern mit dem äußeren Wachstum des Werkes Schritt halten möchte. „Nur nicht nach außen groß und mächtig dastehen und dabei geistlich verkümmern", konnte sie sagen. „Immer muß die Treue im Kleinen die Triebfeder für das Handeln einer Schwester sein."

Als sie in einem Fall auf Untreue stieß, trieb sie der Eifer um Gottes Haus zu leidenschaftlich bewegten Worten: „Laßt uns zusammen vor Gott hintreten und uns beugen, daß er nicht sein Gericht über uns kommen lassen muß! Wer will sich mit dafür einsetzen, daß die göttlichen Linien trotz des äußeren Wachstums und der Gefahren, die uns umgeben, erhalten bleiben? ‚Gottes Augen schauen nach den Treuen im Lande, daß er stärke die, so von ganzem Herzen an ihm sind.' Ich muß an Nehemia denken, der in schwer bedrängter Zeit seine Aufgaben voll und ganz erfaßte und durchführte und sich durch keine Versuchung davon abbringen ließ, die Mauern Jerusalems zu bauen. Er war ein Mann, der alles Persönliche in den Hintergrund stellte und in der Gegenwart Gottes klar die Versuchung erkannte, die ihn vom Ziel abbringen wollte."

XI. SEGNUNGEN IM SCHATTEN EINER UNHEILVOLLEN ZEIT

– Die Hauptsache bleibt die Hauptsache –
Der Zweite Weltkrieg – Abschied –

Um die Jahreswende 1932/33 – also in einer Zeit, als der Nationalsozialismus in Deutschland kurz vor der Machtergreifung stand und nur wenige ahnten, welch unheilvolle Epoche der deutschen Geschichte nun beginnen würde – kann Schwester Anna von einem besonderen Wirken Gottes in der Schwesternschaft berichten: „Von Advent 1932 an begann ein inneres Aufwachen in unseren Schwesternreihen. Gottes Geist führte uns durch Reinigung und Scheidung, um dann seine Gnadenströme wieder um so reicher und mächtiger unter uns fließen zu lassen. Das zeigten die Zeugnisversammlungen, die wir zu Weihnachten und Silvester im Schwesternkreis hatten. Gott war spürbar in unserer Mitte. Wir wollen als solche ins neue Jahr hineingehen, die sich bedingungslos ihrem Gott überlassen und ihm nie ein Nein geben. Im Januar nahm die Erweckung ihren Fortgang. Es kam durch Gericht und Gnade zu einer tieferen Reinigung. Wie dankbar waren wir, daß wir nicht in der Buße stehenbleiben mußten, sondern daß sie uns zum herzinnigen Glauben an unseren großen Erlöser und Heiland führte! Die neu erfahrene Gottesgnade schloß uns auch untereinander enger zusammen. Ja, das Kostbarste auf Erden ist doch, ‚Wenn Gottes Winde wehen vom Thron der Herrlichkeit' und Gottes Geist Menschenherzen überwindet.

Wir erlebten, daß Gottes Wirken im Mutterhaus wellenförmig auf unsere Arbeiten draußen überging. Erfreuliche Evangelisations- und Bibelkursberichte kamen. Gott schenkte hin und her Reinigung und Einigung unter seinen Kindern. Es ging ein Suchen und Fragen nach dem Brot des Lebens durchs Land. Viele ergriffen die rettende Gotteshand, die sich nach ihnen ausstreckte, und bezeugten dankbar, daß der Herr ihnen die Augen aufgetan und ihrer Seele Frieden geschenkt habe."

Es kamen die Jahre des Dritten Reiches. Aus den Rundbriefen, die Schwester Anna Kolitz in dieser Zeit an ihre Schwestern schrieb, weht einem kaum politische Luft entgegen. Sie hoffte, wie anfänglich viele andere in unserem Volk, daß sich die Türen für das Evangelium weit öffnen würden. Hören wir Schwester Anna: „Gott schenke uns helle Augen und mache unseren Blick klar, daß wir richtig sehen, unsere größte und tiefinnerste Aufgabe erkennen und Menschen zu Jesus rufen!“

Die Konferenzen, Evangelisationen, Bibelwochen und Freizeiten wurden so lange wie möglich durchgeführt. Jedoch kam es zur Auflösung unserer Seminare: Hauswirtschaftslehrerinnen-, Handarbeitslehrerinnen-, Kindergärtnerinnen- und Hortnerinnen-Seminar – sowie der übrigen Schulen.

Trotz mancher Fehleinschätzungen, trotz zeitweiligen Mangels an klarem Durchblick während dieser 12 Jahre ist bei Schwester Anna Kolitz die Hauptsache die Hauptsache geblieben.

1938 schreibt sie im Rundbrief: „Zu unserer diesjährigen Missionskonferenz war zu unserer Freude viel Jugend gekommen. Wir haben inzwischen erfahren, daß Gott an diesem Missionstag einige junge Mädchen in den Dienst gerufen hat.

Auch die so sehr gesegnete Lehrer-Freizeit liegt nun hinter uns. In den nächsten Tagen erwarten wir die Geschwister zur Familien-Erholungszeit. Dann haben wir wieder jedes Eckchen belegt, zumal auch unsere Erholungsschwestern in dieser Woche anreisten. – Wir stehen mitten in der großen Erntezeit. Wieviel Grund haben wir zu danken, daß Gott Wachstum und Gedeihen schenkte! Die Erntezeit will uns aber als seine Mägde noch besonders an die Seelenernte erinnern, für die das Feld reif ist. Darum laßt uns, wie es in dem Lied heißt: ‚die Sichel anschlagen mit Macht; denn der Meister sucht Schnitter, von Liebe beseelt, Verlorne zu führen zum Heiland der Welt!‘“

Wie in den Jahren des Ersten Weltkrieges, so war es auch im Weltkrieg 1939 bis 1945: Die „Hensoltshöhe“ nahm viele Verwundete in ihren Häusern auf. Schon im Oktober 1939 teilte Schwester Anna erstaunliche Zahlen mit: „120 Soldaten sind im ‚Bethelsaal', 60 im Erholungsheim, 40 im Schulhaus und 106 in ‚Silo' untergebracht. Nun haben wir den einen Wunsch, daß sie sich alle in unseren Räumen recht wohl fühlen, bald genesen und das Beste fürs Leben hier finden möchten!"

Die Hauseltern bei der Weihnachtsfeier im Lazarett 1939

Für die stürmische und immer stürmischer werdende Zeit wählte sie für sich und ihre Mitschwestern als Glaubensmotto ein Wort des bayerischen Kirchenpräsidenten Hermann von Bezzel: „Hineingeboren in eine stürmische, harte Zeit, wollen wir dem die Treue halten, der uns bis heute auf unserem Lebensweg so treu zur Seite stand, und wollen sprechen: ‚Alles für dich, alles dir nach und, wo ich schwach bin, alles durch dich!'"

Mitten in der Kriegszeit galt es, Abschied zu nehmen von dem verehrten und geliebten Leiter des Deutschen Gemeinschafts-Diakonieverbandes, Pfarrer Theophil Krawielitzki, der am 23. März 1942 vom Herrn abberufen wurde. Von einer seiner letzten Andachten schrieb Schwester Anna: „An Galater 4, 6 und Galater 5, 7 und 13–18 zeigte Herr Pfarrer die unbedingte Notwendigkeit für jedes Kind Gottes, sich vom Leben im Fleisch zum Wandel im Geist durchzuringen, um wirklich, gelöst von sich selber, ein Segen sein zu können. ‚Gibst du alles, doch nicht dein Leben, so wisse, du hast nichts gegeben!'"

Schwester Emilie Siekmeier und Pfarrer Krawielitzki kurz vor seinem Heimgang

Nach der Beerdigung schrieb sie: „Tief bewegt, aber dankbaren Herzens standen wir gestern am Grab unseres lieben Herrn Pfarrers. Wir werden in Zukunft seine väterlichen Weisungen vermissen. Um so enger wollen wir zusammenrücken und das kleine Feuer, das Gott unter uns angezündet hat, noch viel mehr zur Flamme werden lassen und festhalten an dem, was Herr Pfarrer uns oft weitergesagt hat, ‚daß denen, die Gott lieben, alle Dinge zum Besten dienen'. Unvergeßlich ist allen, die dabei waren, die schlichte Trauerfeier auf dem alten Marburger Friedhof. Die große Trauergemeinde sang zum Abschluß ein Lieblingslied von Herrn Pfarrer: ‚Beleb dein Werk, o Herr ...' Mit dieser Bitte wurde unser Blick weggelenkt vom Grab hin auf Jesus."

Schwester Anna war seit ihrer Konfirmanden- und Jungschwesternzeit mit Pfarrer Krawielitzki, den sie als ihren geistlichen Vater liebte und ehrte, herzlich verbunden gewesen. Aus ihren Rundbriefen klingt es immer wieder heraus, daß jeder Besuch, den der Heimgegangene auf der „Hensoltshöhe" gemacht hat, eine wahre Festzeit gewesen ist. Mit all den anderen, die damals Leid trugen, tröstete sie sich des lebendigen Herrn Jesus Christus, von dem die Seinen nie Abschied zu nehmen brauchen. „Jesus lebet! Jesus siegt!" Das war die unüberhörbare Botschaft in allem Schmerz.

Pfarrer Krawielitzkis langjähriger Mitarbeiter, Pfarrer Arno Haun, wurde sein Nachfolger als Direktor des Gesamtwerkes.

Mit den letzten Rundbriefen vor Kriegsende macht Schwester Anna all den Schwestern Mut, die von liebgewonnenen Arbeiten, der Kriegsverhältnisse wegen, Abschied nehmen mußten: „Welch eine innere Kraft liegt in dem Wörtlein ‚einverstanden'!

Das bestätigt der Brief einer Schulschwester: ‚Du darfst nicht denken, daß mich die Schließung der Schule in große Trauer versetzt hat. Ganz im Gegenteil! Ich habe mich gefreut, daß ich nun frei geworden bin für etwas anderes. Wir müssen wohl von manchem Schönen Abschied nehmen, aber dafür hat Gott bestimmt wieder etwas anderes für uns. Ich bin für jede Arbeit bereit; denn ich will alles für Jesus tun, um zu beweisen, daß wir nicht zuerst Lehrerinnen sein wollen, sondern Mägde Gottes.‘ – Daß Gott Euch allen in der kommenden Adventszeit wieder den ganzen inneren Reichtum erschließt, der in der ungeteilten Hingabe an ihn liegt nach Lukas 1, 38: ‚Siehe, ich bin des Herrn Magd!‘, erbitte ich Euch.“ –

XII. „DIE GÜTE DES HERRN IST ES, DASS WIR NICHT GAR AUS SIND“

– Ein ungewöhnlicher Jahresbericht – Bomben und Elend – Freude und Dank – Heimkehrer – Neuanfang und Wiederaufbau –

Im ersten Jahresbericht, den Schwester Anna Kolitz nach Beendigung des Krieges Ostern 1946 gegeben hat, klingen die Nöte und Schrecken der letzten Kriegszeit nach. Darin steigt aber auch reicher Dank auf für viel Treue und Bewahrung Gottes in schwerer Zeit und für neugeschenkte Möglichkeiten des Dienstes:

„Daß Gott Wunder tut, das haben wir wohl noch in keinem Jahr unserer Mutterhausgeschichte so sichtbar, ja oft täglich und stündlich erlebt wie in dem vergangenen. Darum beugen wir uns vor dem lebendigen Gott und beten ihn an. Wir loben ihn und rühmen seinen Namen.

Ostern des verflossenen Jahres konnten wir das erstemal seit Gründung des Mutterhauses unser Jahresfest der ständigen Fliegergefahr und Alarme wegen nicht abhalten. Als ein Gnadenwunder Gottes sahen wir es an, daß er uns gerade am Ostersonntag eine junge Schwester schenkte. Er wollte uns zurufen: ‚Seid getrost und unverzagt und schafft nur tapfer weiter!'

Am 4. April 1945 wurde unser Bahnhof von Jagdbombern beschossen und ein Munitionszug in Brand gesetzt. Ein schweres Sprengstück flog in unserm Pfarrhaus durch das Fenster und gerade am Bettchen vorbei, in dem die kleine Enkelin des Hausvaters lag. Wir dankten für dieses Wunder der Bewahrung. Vom 14. April an sahen wir am Horizont eine Rauchwolke nach der andern aufsteigen, ja auch Flammen. Das Artilleriefeuer kam immer näher. Am 16. April erlebte unsere Stadt einen sehr schlimmen Bombenangriff. 90 schwere Bomben fielen! Die erste Welle galt dem Bahnhofsgelände und richtete gewaltige Zerstörungen an. Die folgenden Wellen legten rings um unser Haus ‚Silo' einen Bombenteppich, der 12 große Trichter aufriß. ‚Silo' wurde schwer beschädigt, das Dach zum größten Teil abgedeckt, alle Fenster zerschlagen, Zwischenwände zerstört. Ein Baumstamm vom Stadtpark wurde bis in den vierten Stock geschleudert, ebenso mächtige Quadersteine. Eine andere Welle warf in der Hensoltstraße und vor „Eben-Ezer" ihre Last ab. Es ist ein Wunder, daß dieses Haus noch steht, wenn es auch schwer zugerichtet wurde, ebenso unser zweites Pfarrhaus. Im Mutterhaus hatten wir erhebliche Fenster-, Türen- und Dachschäden. Sprengstücke flogen durch die Mauern in einzelne Räume. Und doch, wieviel Grund hatten wir, Gott zu danken, daß in unseren Häusern kein Menschenleben zu Schaden kam!

Leider traf eine Bombe dicht unter unserer Konferenzhalle den Luftschacht des Brauns-Kellers, der als städtischer Luftschutzkeller eingerichtet war. Es gab viele Tote und Verletzte. Schweres Herzeleid kehrte dadurch in zahlreichen Familien unserer Stadt ein. Unsere Halle wurde dabei auch schwer beschädigt und für die Folgezeit baupolizeilich gesperrt. Seit diesem 16. April 1945 waren wir bis Ende Mai ohne Strom und Wasser. Vom 18. April an begann unsere deutsche Artillerie sich einzuschießen. Wir kamen nur noch wenig aus dem Bunker. Alle Vorbereitungen waren getroffen, um einige Tage und Nächte, falls nötig, darin bleiben zu können. Dann setzte der schwere Artilleriebeschuß ein. Wir hörten die Geschosse dicht an uns vorbeizischen. Die beiden Steinkreuze auf der nahen Friedhofkapelle wurden hinweggefegt.

Nun mußten alle Bettpatienten unseres Lazarettes in den Felsenkeller nahe beim Mutterhaus gebracht werden, ebenso die Schwerkranken des Krankenhauses unserer Stadt. Die Bahren standen auf dem Boden; bei Kerzenlicht legte man die Verbände an. In einem behelfsmäßig eingerichteten Operationsraum wurden die ausgegrabenen Verschütteten operiert und amputiert. Es gab weder Wasser noch elektrisches Licht! Wir werden diese Bilder nie vergessen. Ärzte und Schwestern leisteten bei Tag und Nacht Übermenschliches. Bei der feuchten und kalten Witterung waren das für uns alle schwere Tage und Nächte.

Nie vergessen werden wir auch den treuen Dienst unserer Küchenschwestern, die oft unter Einsatz ihres Lebens während der Alarme in aller Eile für etwa 700 Menschen das Essen richteten. Wie dankbar nahm man jeden Teller heißer Suppe aus Gottes gütiger Hand! Die letzten Nächte brachten wir ganz im Bunker zu. Morgens mußte dann immer mit Wagen und Eimern das Wasser geholt werden. Alles half zusammen. Ein kleiner Pumpbrunnen an der Sonnenstraße war unser Wasserspender.

Am 23. April rollten dann die ersten Panzer an. Ein amerikanischer General erschien am Eingang des Bunkers und übernahm das Lazarett. An jedem unserer Tore zog der Verwundeten wegen ein Wachtposten auf.

In den darauffolgenden Nächten wurde in unserer Konferenzhalle schwer geplündert. Der Schließkorb so mancher Schwester wurde ausgeräumt und auch das untergebrachte Hab und Gut Nürnberger Bombengeschädigter gestohlen.

Neben allem Leid bewegte uns tiefer Dank für jedes Wunder der Bewahrung Gottes, das wir erlebt hatten. Mit dem Einsatz aller unserer Kräfte machten wir uns gleich an das Ausbessern unserer Häuser. Unsere Lazarettinsassen halfen uns beim Instandsetzen der Dächer, ebenso einige unserer jungen Schwestern, die darin von den Bombenangriffen zu Hause schon Erfahrung hatten. Wie viele Eimer Schutt gab es in jenen Wochen wegzutragen!

Weil wir lange keinen Strom hatten, mußte alle Wäsche für die 600 bis 700 Menschen wochenlang mit der Hand gewaschen, alles Wasser dazu erst herbeigeschafft werden. Ähnlich war es in der Küche. Und wie freudig wurde alles getan, hatte Gott doch unser Mutterhaus, die Heimat unserer Schwestern, erhalten!

Aber nun bewegte unsere Herzen immer stärker die Frage: Wie mag es unseren Lieben draußen auf den Stationen ergangen sein, wie unseren lieben Angehörigen daheim? Hatte Gott auch sie durchgebracht oder sie vielleicht schon heimgeholt in die Ewigkeit? Unsere tägliche Bitte war es: ‚Herr, laß uns bald Nachricht von ihnen allen zukommen!'

Viel Liebe, Treue und Opferbereitschaft unserer Schwestern durften wir in den darauffolgenden Wochen und Monaten erleben! Bald zu Fuß, bald zu Rad oder auf Lastwagen legten sie die weitesten Strecken zurück, nur um sich nach ihrem Mutterhaus umzusehen. Sie wollten wissen, ob noch alle leben, wie es um die Häuser steht und wo sie helfen könnten.

Nie vergessen werden wir jenen Abend, als plötzlich sonnenverbrannt, verstaubt und todmüde, aber strahlenden Auges zwei unserer Schwestern aus unserem Krankenhaus im Rheinland mit den Fahrrädern vor uns standen und wir nun endlich die Gewißheit hatten: Unsere Lieben in Oberhausen, Hamborn und Remscheid leben! Oft kamen uns in jenen Wochen die Freudentränen!

Recht in Sorge waren wir um unsere Schwestern in Torgau/Elbe, das unter russische Besatzung gekommen war. Da fuhren auf einmal am Pfingstsamstag 1945 zwei mächtige amerikanische Lastwagen mit einem großen Teil unserer Torgauer Schwestern am Mutterhaus vor. Bis von Eisleben her wurden sie uns vor die Haustür gebracht! Auch diese Wiedersehensfreude werden alle, die sie miterlebt haben, nie vergessen.

Sehr sehnten wir uns auch nach einer Nachricht über das Ergehen unserer Schwestern und Mitarbeiter der Zentralstelle unseres ganzen Werkes in Marburg. Und siehe da, am Nachmittag des Pfingstmontages 1945 kamen zwei unserer Schwestern von dort bei uns an. Auf Schusters Rappen – wie ‚Wanderburschen' – hatten sie sich zu uns auf den Weg gemacht, um uns zu sagen, daß Gott alle Lieben dort und unsere Hauptstelle wunderbar behütet hatte.

Ebenfalls bangten wir um unsere Lazarettschwestern in Budweis, Karlsbad, Marienbad, Franzensbad und Waldsassen. Lange wußten wir gar nichts von ihnen, bis dann eines Tages die ersten von ihnen eintrafen. Was kam bei all den Berichten unserer ‚Heimkehrerinnen' an Gotteswundern und herrlicher Bewahrung zutage! Auch über unsere im Marinelazarett Gotenhafen bei Danzig tätig gewesenen Schwestern waren wir in Ungewißheit, bis wir nach langem Warten im Oktober 1945 erfuhren, daß sie mit dem letzten Lazarettzug nach Oldenburg entkommen waren und sich schon seit Februar dort aufhielten.

Am allerlängsten verschollen waren unsere vier Gemeindeschwestern, die in der Nähe von Küstrin gearbeitet hatten. Auch sie tauchten nach Monaten auf. Durch viele Schrecken, Nöte und Entbehrungen waren sie gegangen. Miteinander priesen wir Gott über alle erfahrene Durchhilfe.

Heute dürfen wir dankbaren Herzens sagen, daß wir wieder mit allen unseren Schwestern Fühlung haben. Und mit welcher Freude fanden sie sich im Mutterhaus ein, sobald es ihnen nur irgend möglich war! Sie scheuten keine Strapazen. Mancher kamen die Dankes- und Freudentränen, als sie die Schwelle ihres Mutterhauses überschritt, um darin wieder Heimat und Geborgenheit zu finden. Das Band unserer inneren Zusammengehörigkeit empfanden wir stärker denn je.

Unsere in Bad Elster arbeitenden Schwestern blieben dort. Somit sind wir in allen vier Besatzungszonen tätig.

Sogar von all unseren Schwestern im Ausland wissen wir, sie leben und können ihren Dienst weiter tun. Manche unserer Schwestern wurden von amerikanischen oder englischen Soldaten wegen ihrer Tracht angesprochen. Das menschlich Unfaßbare geschah: Etliche von ihnen kannten einzelne unserer Schwestern von England und Amerika her. Sie bestätigten, daß es unseren Lieben in Liberty Corner/USA und London gutgehe. Auf einer Station erlebten die Schwestern etwas besonders Schönes: Ein Amerikaner, dem das Kreuz auf der Haubenschleife der Schwester aufgefallen war, winkte sie zu sich heran und fragte sie: ‚Haben Sie Schwestern in Amerika?' – ‚Ja!' – ‚Kennen Sie Schwester Toni?' – ‚Ja!' – ‚Sie war sehr krank; es geht ihr jetzt aber wieder gut. Die Schwestern tun drüben viel Gutes. Aber sie sorgen sich sehr um euch. Schwester Berta in Philadelphia kenne ich auch und noch manche andere. Wollen Sie ihnen nicht etwas schreiben?' Da für uns eine Briefverbindung nach dort noch nicht möglich war, übernahmen die Soldaten freundlicherweise die Übermittlung unserer Grüße und die Benachrichtigung, daß Gott unser Mutterhaus gnädig erhalten hat.

Drei unserer Schwestern starben als Opfer des Krieges. Unsere liebe Schwester Lisette Ziegler wurde in einem Lazarett in Erlangen, wo sie als verantwortliche Schwester tätig war, infolge eines Volltreffers bei Artilleriebeschuß verschüttet und konnte nur noch tot geborgen werden.

Unsere liebe Schwester Margarete Röttger und unsere liebe Schwester Helene Beerstecher weilten bei ihren Angehörigen und kamen dort bei einem Fliegerangriff ums Leben.

Wir sind getrost in dem Wissen, es war des Herrn Wille, der unsere lieben Schwestern aus ihrem Erdendienst abrief. Sie durften uns vorangehen.

Einige unserer Pflegeschwestern erkrankten schwer an Typhus. Zwei von ihnen holte der Herr aus großer Leibesschwäche heim. Außer ihnen rief der Herr noch fünf unserer Schwestern in die Ewigkeit ab, so daß wir in diesem Jahr zehn Heimgänge hatten, so viele wie noch in keinem Jahr. Dafür schenkte uns Gott 22 junge Schwestern.

Es ist ein Wunder vor unseren Augen, daß unsere Schwestern im Rheinland, die jahrelang bei Tag und Nacht fast nur in den Bunkern ihren Krankenpflegedienst taten, gesundheitlich durchhielten. Die vielen Luftangriffe, die Instandsetzungsarbeiten danach und der schwere Pflegedienst forderten die letzten Kräfte unserer Schwestern. Als ihnen freigestellt wurde, das Feld zu räumen und sich in Sicherheit zu bringen, blieben sie auf dem Posten. Gott lohnte ihre Treue durch reiche innere Segnungen.

Mit der Auflösung der meisten Lazarette wurden viele unserer Schwestern frei. Kaum hatten sich unsere ‚Heimkehrer' erholt, warteten neue Aufträge auf sie. In Verbindung mit dem Kriegsgeschehen verloren wir 18 Stationen. Als Ersatz für dieselben schenkte uns der Herr 35 neue Arbeitsfelder. Dank und Anbetung waren unsere Antwort.

Die größte Not ist seit Monaten der Schwesternmangel. Unser aus tausend Wunden blutendes Volk bedarf dringend leiblicher und innerer Hilfe. Wie gern würden wir uns zur Verfügung stellen, aber wir haben nicht genügend Schwestern. Darum ist unsere dringliche Bitte: ‚Herr, rufe dir Werkzeuge und bereite sie dir zu!‘

Das Verlangen nach der Frohen Botschaft ist groß. Gott gab seinem Evangelium wieder freien Lauf. In zahlreichen Evangelisationen und Bibeltagen schenkte er klare Entscheidungen für Christus. Auch war es uns nun wieder möglich, die ersten Freizeiten zu halten. Viele Bitten nach diesen stillen Segenstagen ergingen an uns.

Auch unsere Erholungskreise laufen in diesem Jahr wieder an. Nach allem schweren Erleben bedürfen unsere Schwestern dringend der Ferien.

Die Schwestern und Geschwister unserer z. T. schwerbeschädigten Stationen sind mit dem Einsatz aller Kräfte beim Aufbau. Wir freuen uns von Herzen über ihren Glaubensmut. In den Gemeinschafts-, Jugend- und Kinderarbeiten schenkt Gott fast überall inneres Erwachen.

Immer noch kommen heimatlose Soldaten auf die ‚Hensoltshöhe‘. Weihnachten waren zwölf bei uns. Sie wußten noch nichts von ihren Angehörigen. Wir sangen mit ihnen die alten Weihnachtslieder und hörten auf die Weihnachtsbotschaft. Vor kurzem kam einer der Soldaten wieder und brachte uns strahlend seine Frau, die er nun endlich auf wunderbare Weise gefunden hatte.

Im Rückblick auf dieses schwere und inhaltsreiche Jahr und im Ausblick auf die Zukunft sprechen wir mit dem Propheten: ‚Die Güte des Herrn ist es, daß wir nicht gar aus sind. Seine Barmherzigkeit hat noch kein Ende, sondern sie ist alle Morgen neu, und deine Treue ist groß!‘ (Klagelieder Jerem. 3, 22–23).“

Im Jahr 1945 wurde Schwester Emma Dennhöfer in die Leitung des Mutterhauses gerufen. Stellvertretend und helfend stand sie nun Schwester Anna zur Seite.

Schwester Anna und Schwester Emma

XIII. „SEINE TREUE IST GROSS!“

– Aus Schwester Annas Jubiläumszeugnis –
Dankbarer Rückblick auf 50 Jahre Dienst
und 40 Jahre Mutterhausgeschichte –

Das Jahr 1949 wurde ein besonders bedeutsames Jahr für die „Hensoltshöhe“ und den ganzen Deutschen Gemeinschafts-Diakonieverband. Vor 50 Jahren hatte das Werk in Borken begonnen und wurde in Vandsburg weitergeführt. Vor 40 Jahren war nach Vandsburg und Marburg-Hebron die „Hensoltshöhe“ als drittes Mutterhaus gegründet und Schwester Anna Kolitz als erste Hausmutter eingesetzt worden. Somit konnte sie auf 50 Dienstjahre und 40 Jahre als Hausmutter der „Hensoltshöhe“ zurückschauen. Hören wir ihr Zeugnis:

„50 Jahre waren es im Herbst, daß der Herr mich beschlagnahmte und in seinen Dienst stellte. Damals ahnte ich nicht, daß sich aus diesem unscheinbaren Senfkorn des Gemeinschafts-Schwesternhauses im kleinen Pfarrhaus zu Borken ein Baum mit so viel Zweigen entwickeln würde. Es ist mir heute beim Rückblick auf dieses halbe Jahrhundert zum Danken, Beugen und Anbeten, daß ich vom ersten Tag an die wunderbaren Führungen Gottes in unserem Werk miterleben durfte: das erste Halbjahr unter der ernsten, klaren Leitung von Pfarrer Blazejewski und dann, als der Herr ihn so unerwartet in die Ewigkeit rief und das winzige Pflänzlein nach Vandsburg versetzt wurde, unter der zielbewußten und tatkräftigen Führung von Pfarrer Krawielitzki. Der Heimgang des Gründers, Pfarrer Blazejewski, war für unseren kleinen Schwesternkreis ein tiefer Schmerz. Aber die Gewißheit unserer Berufung konnte dadurch nicht erschüttert werden. Wir haben uns nur um so fester an das Wort des Herrn geklammert und es auch erlebt: ‚So du glauben würdest, du solltest die Herrlichkeit Gottes sehen!' (Joh. 11, 40)

Gott war es, der uns damals zusammenhielt. Er führte uns auf der Glaubenslinie, die uns Pfarrer Blazejewski von Anfang an zeigte und die er uns bis ins Alltägliche und Praktische hinein vorgelebt hatte.

‚Nur der Glaubensweg ist sicher!' Das hat sich mir schon in den ersten Jahren meiner Jungschwesternzeit tief und unauslöschlich eingeprägt. Und dazu hat Pfarrer Blazejewski den Grund gelegt. Unvergeßlich ist mir nach seinem Heimgang die Begegnung mit seinem Freund, Pfarrer Edelhoff. Als wir auf seine Frage, was wir nun tun wollten, die Antwort gaben: ‚Wir bleiben!', ermutigte er uns mit den Worten: ‚So ist es recht, so will es Gott, und das ist auch nach Blazejewskis Sinn!'

Was in den folgenden Jahren an innerem und äußerem Erleben in der Zusammenarbeit mit Herrn Pfarrer Krawielitzki für mich lag, vermag ich nicht in diesen kurzen Ausführungen zu schildern. Alle, die ihn kannten, wissen, er war ein Mann der Tat. Was er sagte, lebte er. Niemals ist er müde geworden, uns die Linie zu zeigen, die Gott ihm in besonderer Weise aufgeschlossen hatte und ohne die es zu keinem wahren, freien und frohen Leben der Christusnachfolge kommt: die Kreuzes- und Sterbenslinie und in Verbindung damit die Gotteswahrheit von Römer 8, 28, wonach denen, die Gott lieben, alle Dinge zum Besten dienen. Ich danke Gott für seine Treue in all den Jahren.

Und nun dürfen wir heute zu diesem ersten großen Meilenstein nach einem halben Jahrhundert Vandsburger Arbeit hier auf der ‚Hensoltshöhe' einen zweiten Gedenkstein errichten. Nach vier Jahrzehnten reichen Gotterlebens in unserer Mutterhausgeschichte sind wir Zeugen für die Erfüllung des Wortes, das Gott uns so ermutigend zu Beginn an den Weg gestellt hat: ‚Herr, deine rechte Hand tut große Wunder!' Am 10. April 1909 führte mich Gottes Auftrag hierher. Ein Mutterhaus sollte entstehen. Wie arm und klein haben wir in unserem Mittelbau begonnen, der früher Gastwirtschaft und Tanzsaal war! Einige Schanktische, Wirtschaftsstühle und Biergläser waren das Inventar, das wir vorfanden. Am 1. Mai trat die erste Schwester ein. Mit jedem Anliegen, mit jeder Not wandten wir uns an den lebendigen Gott, und wir erlebten Wunder über Wunder. Wir hielten uns an den, den wir nicht sahen, als sähen wir ihn. Dabei hat uns Herr Direktor Mehl durch sein Vorbild viel gelehrt, namentlich auch eines: Wir sahen ihn nie ängstlich, auch wenn es noch so dunkel aussah. In Nöten, Schwierigkeiten und Verfolgungen war stets sein Wahlspruch: ‚Nur weitermachen!' Dieses Motto haben wir uns im Aufblick zu Gott fröhlich zu eigen gemacht.

Nach Direktor Mehls Heimgang wurden allerlei Stimmen laut: ‚Nun ist der Mehlkasten geschlossen! Jetzt ist auf der Hensoltshöhe Matthäi am letzten!' Welch eine Ermutigung war es uns, als an der darauffolgenden Osterkonferenz Herr Pfarrer Krawielitzki gerade über Matthäus 28, 20 sprach: ‚Mir ist gegeben alle Gewalt im Himmel und auf Erden. Siehe, ich bin bei euch alle Tage bis an der Welt Ende.' Das ist Matthäi am letzten! Praktisch sah das so aus: Die erste Summe, die wir nach dem

Heimgang von Herrn Direktor Mehl erhielten, kam von einem jungen Mann, der nach einem Besuch auf der ‚Hensoltshöhe' uns seine ganzen Ersparnisse zusandte. Gott gab immer zur rechten Zeit, nicht im Überfluß, aber es reichte. Ein Erleben reihte sich an das andere, und aus unseren Verlegenheiten wurden immer neue Gelegenheiten, Gottes Treue und Wundermacht zu erproben.

Zunächst hatten wir nicht daran gedacht, Gemeinschaftskreise in Bayern zu gründen. Wir sahen unsere Aufgabe darin, jungen Mädchen und Frauen zu dienen. Das geschah bereits in Zirndorf, Nürnberg und Fürth. Wo es sich um Eheleute handelte, wollten wir sie den bestehenden Gemeinschaften zuführen. Da bat uns im Januar 1917 Evangelist Jakob Vetter, für eine Evangelisation, zu der er sich von Gott beauftragt wußte, den größten Saal Nürnbergs zu mieten. Das haben wir damals auch getan. Viele Menschen fanden das Heil in Christus. Was sollte mit ihnen geschehen? Sie bedurften weiterer Pflege. Jakob Vetter ermutigte uns, die Jungbekehrten zu sammeln und ihnen zu dienen. So entstand unsere erste Gemeinschaftsarbeit in Nürnberg. Gott tat weiter sein Werk – besonders unter den Jugendlichen. Unser Saal in der Füll, der etwa 250 Personen faßte, reichte für die Jugendstunden nicht mehr aus.

Dann folgten Jahre des inneren und äußeren Aufbaues. Eine Gemeinschaft nach der anderen entstand. Der erste Rektor des Mutterhauses, Pfarrer Keupp, schloß diese Kreise 1921 im Hensoltshöher Gemeinschaftsverband (HGV) zusammen. Zahlreiche Evangelisationen und Bibelkurse wurden gehalten. In dieser Zeit gab Gott uns auch den Auftrag, Freizeiten durchzuführen. Es waren die ersten, die in unserem Vaterland stattfanden."

Dann erwähnt Schwester Anna Ereignisse, von denen an anderer Stelle dieses Buches schon die Rede war, z. B. die Aussendung der ersten Schwester nach China, den Erwerb von „Eben-Ezer“ und Haus „Silo“, den Bau der „Zionshalle“ und die schwere Bauzeit in den Jahren 1931/32. Sie berichtet von neuen Dienstmöglichkeiten im In- und Ausland und fährt dann fort:

„Am 13. Februar 1948 rief Gott unseren Herrn Pfarrer Keupp aus einem reichgesegneten Leben heim in die Ewigkeit. Er war den Schwestern fast drei Jahrzehnte Vater und Seelsorger gewesen. Seine Liebe, Hingabe und Selbstlosigkeit, die er uns vorgelebt hat, möge in unser aller Leben und Dienen auch weiterhin Frucht tragen! In den gesegneten Jahren unserer Zusammenarbeit hielten wir uns an das Apostelwort: ‚Einer trage des anderen Last!‘ Pfarrer Keupp übergab das Hausvateramt seinem Mitarbeiter, Herrn Pfarrer Woeckel.

Wenn mein Auge nun abschließend noch einmal zurückblickt auf 50 Schwesternjahre und auf 40 Jahre ‚Hensoltshöhe‘, möchte ich beten: ‚Herr, dir ganz allein gebührt die Ehre für alles, was du uns geschenkt hast. Wir danken für alle Gnade, die du zum Dienen gabst. Herr, vergib aber auch alles, womit wir dich betrübt haben, und hilf uns, dir besser zu dienen!‘ –

‚Wir beugen das Haupt und beten den an,
dessen Wort wir geglaubt,
dessen Treu’ wir erprobt,
dessen Hand wir verspürt
und der uns bis hierher so herrlich geführt.
Ihm sei auch die Zukunft mit gläubigem Mut
aufs neu’ übergeben, und dann wird es gut!‘“

Im engeren Schwesternkreis bezeugte Schwester Anna: „Ich bin mir bewußt, daß mich nur die Gnade meines Gottes durchgebracht hat. Mein Dienst wurde in viel Schwachheit getan. Viel habe ich von euch, meine lieben Schwestern, verlangt, manchmal sehr viel. Oft wurden euch Aufgaben mit Zittern anvertraut und aufgetragen.

Ganz besonders danke ich euch für das Vertrauen, für das Vergeben. Ich danke euch, daß ihr nicht müde geworden seid, daß ihr mitgeglaubt und mitvertraut habt. Es lohnt sich, bei dem Ja zu bleiben, das wir Gott gegeben haben. Je entschiedener wir für Gott sind, desto leichter lebt es sich für ihn! Ich weiß, ich bin viel zu gering aller Barmherzigkeit Gottes. Und ich will noch geringer werden. Meinem Gott will ich nicht im Weg stehen, damit er der Erste und Letzte in seinem Werk ist und bleibt."

Den 50 Diakonissenjahren, auf die Schwester Anna im Jahr 1949 dankbar zurückschaute, hat Gott noch weitere fünf hinzugefügt. Über ihr Wirken als Hausmutter bezeugten Geschwister, die ihr nahestanden: „Schwester Anna durfte trotz der langen Dienstjahre und der Last der Verantwortung mit verhältnismäßiger Frische ihren Jubiläumstag begehen. Sie stand auch in den folgenden Jahren mit Freudigkeit und Tatkraft an ihrem Platz. Wie zeigte sich in ihrer Tätigkeit als Hausmutter von Anfang an, mit welch reichen Gaben des Herzens und des Geistes sie begnadet und ausgestattet war! Sie wurde zur Beterin und durfte einen Glaubensschritt nach dem anderen tun. Oft suchte sie schon morgens um fünf Uhr allein die Waldesstille auf und holte sich für das neue Tagewerk Kraft und Weisung aus Gottes Wort, das ihr immer mehr zur einzigen Richtschnur bei allen Entscheidungen wurde."

Eine Schwester bezeugt: „Wenn Schwester Anna im Blick auf ihr eigenes Leben oder auch für das Leben oder Dienen ihrer Schwestern von Gott Klarheit erhalten hatte, dann ließ sie sich von nichts und niemandem mehr bestimmen."

Wer Schwester Anna kannte, muß bestätigen: Ihr dringlichstes Anliegen war, daß Jesus Christus der Erste und Letzte in allem bleiben sollte. Mit wachen Sinnen gab sie geistliche Weisungen, wenn sie diese Linie gefährdet sah. Eine Schwester berichtet aus persönlichem Erleben: „Drei Jahre war ich Schwester und stand in der Jugendarbeit. Mit Leib und Seele tat ich diesen Dienst. Ich freute mich an ‚meiner' Jugend, ihrem Eifer, ihrem Einsatz. In einem Brief an unsere liebe Schwester Anna schrieb ich auch davon. Sie muß gemerkt haben, daß ich in Gefahr stand, nur *meine* Arbeit im Auge zu haben. Deshalb antwortete sie mir: ‚...Wir bauen nicht *unser* Reich, sondern wir sind am Bauen des *Reiches Gottes.*' Dieser Satz hat meinen Blick entscheidend geweitet. Damals habe ich auf den Knien meinem Gott gesagt: ‚Ja, es soll auch so in meinem Leben bleiben: Ich möchte nur Handlanger beim Bau deines Reiches sein!'"

Auch in der Berufung von Mitarbeitern für den geistlich-seelsorgerlichen oder für den wirtschaftlichen Bereich des Mutterhauses hatte Schwester Anna vorrangig das Werk Gottes und dessen Fortführung im Auge. Darum konnte sie sagen: „Sollten wir dafür nicht die besten Kräfte in Anspruch nehmen dürfen?" Einer unserer Mitarbeiter, der Schwester Anna jahrzehntelang zur Seite stand, sagt von ihr: „Wenn ich die Fotografie von Schwester Anna ansehe, spricht mich ihr freundliches, durchgeistigtes Gesicht immer wieder an. Ich habe Schwester Anna als profilierte Glaubenspersönlichkeit kennengelernt. Ein Lied, das sie liebte und gern singen ließ, war Zinzendorfs Bekenntnis:

‚Der Glaube bricht durch Stahl und Stein
und kann die Allmacht fassen;
der Glaube wirket all's allein,
wenn wir ihn wirken lassen.
Wenn einer nichts als glauben kann,
so kann er alles machen;
der Erde Kräfte sieht er an
als ganz geringe Sachen.'"

In allem ging Schwester Anna ihren Schwestern voran: im hingebend selbstlosen Dienen, im mutigen Wagen, im kindlichen Vertrauen, in froher, frischer Natürlichkeit und mit seltenem Weitblick. Oft schenkte ihr Gott in schwierigen Situationen das lösende Wort. Wie herzlich konnte sie sich freuen und mitfreuen! Sie durfte in ihrem ganzen Wesen jung bleiben. Mit warmer Mütterlichkeit umschloß sie nicht nur ihre Schwestern und die Mitarbeiter mit ihren Familien, sondern alle, die ihr Gott in den Weg führte. Um seiner Sache willen konnte sie ihre eigene Person völlig zurückstellen. Besonders warm schlug ihr Herz für die Jugend. Innig war ihr Verbundensein mit den Gemeinschaften. Davon zeugte der dankbare Ausruf eines Gemeinschaftsbruders an ihrem Sarg: „Mutter Anna, wir danken dir!"

XIV. „ICH HAB VON FERNE, HERR, DEINEN THRON ERBLICKT“

– Aus letzten Rundbriefen – Freude und Leid – Die Kräfte lassen nach – Letzte Frage –

Bis in die letzten Tage ihres Lebens nahm Schwester Anna regen Anteil an allem Mutterhausgeschehen. Ihre letzten Rundbriefanteile zeugen davon: „Wir sind dankbar für alle freundliche Führung und Gnade des Herrn, der uns in Herrn Pfarrer Hellmuth den neuen Hausvater geschenkt hat. Ihr alle helft mit durch Fürbitte und Vertrauen, daß wir als eine Familie Gottes auch weiter gemeinsam unseren Dienst ausrichten können und seine Segnungen über unserer ‚Höhe‘ bleiben.“ –

„Wie liegen doch im Leben Freude und Leid so nahe beieinander! Es hat uns alle tief bewegt, daß Gott eine Woche nach unserer Osterkonferenz 1954 und der damit verbundenen Einführung unseres neuen Hausvaters und Rektors dessen liebe Gattin so rasch in die Ewigkeit geholt hat. Kurz danach erreichte uns die Nachricht vom Heimgang des Präsidenten der Inneren Mission in Bayern, Rektor i. R. D. Nicol, eines väterlichen Freundes unseres Hauses. Wie sind Gottes Wege doch so heilig und unerforschlich! Möchte er uns allen die rechte innere Bereitschaft schenken, wenn sein Ruf zur Ewigkeit an uns ergeht!“ –

„Da es mir in letzter Zeit gesundheitlich nicht gutging, wurde mir dringend geraten, im ‚Georgihäusl‘ etwas auszuspannen. Dank sei Euch Lieben für alle Fürbitte, auch für alle Grüße, in denen so viel Liebe und Hilfe lag. Ich darf spüren, daß es gesundheitlich aufwärtsgeht. Wie dankbar bin ich für den Segen der Stille! Immer wieder sind meine Gedanken und Gebete bei Euch gewesen. Im Geiste habe ich Euch besucht, ob im Tag- oder Nachtdienst oder im stillen Kämmerlein. Wie stark sind doch die Bande des Blutes Jesu!" –

Die Mutter

„Sehr dankbar bin ich letzte Woche ins Mutterhaus zurückgekommen, um mit unseren Jubilarinnen zur ‚Stillen Woche' zusammenzusein. Wir warten auf reiche Segnungen unseres Gottes. Es sind dies doch immer Festtage für alle im Haus." –

Und dann folgt der Rundbrief mit dem Datum des 17. 5. 1954. Die Schreiberin und die Empfängerinnen konnten nicht ahnen, daß es der letzte aus der liebevoll-fleißigen Feder von Schwester Anna sein würde. Ein Auszug: „Ein wunderbares Blühen und Grünen ist jetzt um unsere ‚Höhe‘ her. Was bis vor wenigen Tagen noch durch die Kälte zurückgehalten war, hat sich über Nacht in ein unbeschreiblich schönes und duftendes Blütenmeer verwandelt. ‚Wenn am Schemel seiner Füße und am Thron schon solcher Schein, oh, was muß an seinem Herzen erst für Glanz und Wonne sein!‘ –

Unseren 80 Erholungsschwestern taten die Sonnentage recht wohl. Nun erbitten wir auch für die Tage der Dienstbesprechung in besonderer Weise die neu belebende Wärme und Nähe der Gnadensonne Jesu. Am vergangenen Sonntag fand die ‚Stille Woche‘ für unsere Jubiläumsschwestern mit einer schönen und gesegneten Feier ihren Abschluß. Viel Güte und Treue Gottes wurde durch die Zeugnisse offenbar. Alles Gotterleben hat eine Schwester zusammengefaßt in dem Satz: ‚Nicht ich habe ihm gedient, sondern er hat mir gedient.‘ Ob uns schon allen dieses tiefste Geheimnis eines wirklich fruchtbaren Lebens und Dienens aufgeschlossen wurde?“ –

Diese Frage ist die letzte, die Schwester Anna in ihrem Erdenleben an ihre Schwestern gerichtet hat. Sie rührt noch einmal an das Tiefste und Wesentlichste in einem Leben, das Gott dienen und in seinem Dienst Frucht bringen will.

XV. WIE EIN KIND IN MUTTERARMEN

– „In die Sonne hinein“ – Daheim –

Über die letzten Tage von Schwester Anna ist zu lesen: „Um ihre unterbrochene Erholung fortzusetzen, fuhr sie am Sonnabend, dem 22. Mai, mit großer Freude nach Berchtesgaden. Fröhlich rief sie beim Abschied den nachwinkenden Schwestern zu: ‚Ich fahre in die Sonne hinein! Am liebsten möchte ich euch alle mitnehmen!‘

Schon Sonntag nachmittag erlitt sie einen leichten Schlaganfall mit linksseitiger Lähmung. Daraufhin wurde sie von ihren Schwestern ins Mutterhaus zurückgeholt. Von ihrem Krankenlager ging eine tiefe Ruhe aus. Als sie zum letzten Mal die Tageslosung in sich aufnahm: ‚Des Gerechten Gebet vermag viel, wenn es ernstlich ist‘, mit dem von ihr so geliebten Vers: ‚. . . was wird's tun, wenn sie nun alle vor ihn treten und zusammen beten!‘ sprach sie alles mit und bestätigte es durch ein mehrmaliges: ‚Wunderbar, wunderbar!‘ Sie war so leicht zu pflegen, dachte nur an die anderen, war überaus dankbar für jede kleinste Erleichterung, bis sie nach wenigen Tagen, am 29. 5. 1954, in großem Frieden ohne jeden Todeskampf wie ein Kind in Mutterarmen einschlafen durfte.“

Den Rundbrief vom 2. Juni 1954 schrieb ihre Nachfolgerin, Schwester Emma Dennhöfer: „Wer hätte gedacht, als unsere liebe Schwester Anna in ihrem letzten Rundbriefanteil den Vers schrieb: ‚Oh, was muß an seinem Herzen erst für Glanz und Wonne sein!‘, daß sie dieses herrliche Ziel so schnell erreichen würde! Sie ist nun eingereiht in die Wolke von Zeugen. Der Blick in ihr stilles, friedvolles Angesicht war für uns alle ein Hineintreten ins Licht der Ewigkeit. Unser Bethelsaal, in dem sie bis zum Begräbnistag aufgebahrt lag, war ein stilles Heiligtum. Die Trauerfeier in der vollbesetzten ‚Zionshalle', die zu einer österlichen Siegesfeier wurde, offenbarte das Wirken Gottes *in* ihrem Leben und *durch* ihr Leben. Wir wurden in diesen Stunden reich getröstet und aufgerufen zu völliger Hingabe an den Herrn.

Schwester Annas Grabstätte

Wie wird Euch alle der Lehrtext des Begräbnistages von Schwester Anna bewegt haben: ‚Ich will euch nicht Waisen lassen, ich komme zu euch!' (Joh. 14, 18)."

Wer den weiteren Weg und Dienst der „Hensoltshöhe" seit dem Heimgang ihrer ersten Hausmutter verfolgt hat, der muß bezeugen: Diese Verheißung ist wahr geworden!

XVI. WORTE VON SCHWESTER ANNA

Danken: Danken ist die stärkste Waffe gegen den Kleinglauben. – Wenn wir am Danken bleiben, gibt es feste Schritte auf dem Weg des Glaubens.

Demut: Was könnte Gott tun, wenn wir kleiner und demütiger wären!

Freude: Wir sind zur Freude berufen!

Gebet: Führe nie etwas durch ohne Gebet, sonst ist alles verloren, was du tust! – Wir können nicht durch Arbeit das ersetzen wollen, was das einsame Gebet auswirkt. –
Das Stehenbleiben vor Gott ist unsere Kraftquelle.

Gehorsam: Nicht die Begabtesten sind die Brauchbarsten, sondern diejenigen, die es gelernt haben, Gott unter allen Umständen zu gehorchen. –
Wenn wir Gott ungehorsam sind, schwindet die Freude.

Glaube: Er hat viel tausend Weisen, auf Gebet und Glauben zu antworten. Wir haben einen reichen Vater! –
Wo ihr auch steht, habt Glauben an Gott!

Vertrauen: Es ist der Herr auf allen Wegen, der uns nimmt und gibt.
Wenn ich mein Leben überschreiben wollte, so wären es drei Worte: Gott ist Liebe!

Wie sollte es auf der „Hensoltshöhe" weitergehen? Was ersehnte und erbat Schwester Anna für ihr Mutterhaus und seine Schwesternschaft?

Schwester Anna gab selbst die Antwort: „Es ist mir ein tiefes Bedürfnis, daß wir hier auf der ‚Hensoltshöhe' leuchten für Jesus, daß wir immer mit viel Freudigkeit zu dem Gnadenthron treten. Meine Bitte zu Gott ist, daß unsere ‚Höhe' das bleibt, wozu sie uns anvertraut ist: *Eine geistliche Geburtsstätte und Heimat für viele.*"

Die Hensoltshöhe heute

INHALTSVERZEICHNIS:

Nur der Glaubensweg ist sicher

– Ein Leben für Gott –